Cornelis de Houtman, Levinus Hulsius

Kurtze warhaftige Beschreibung der neuen Reise oder Schiffahrt

(1598)

Cornelis de Houtman, Levinus Hulsius

Kurtze warhaftige Beschreibung der neuen Reise oder Schiffahrt (1598)

ISBN/EAN: 9783742845122

Hergestellt in Europa, USA, Kanada, Australien, Japan

Cover: Foto ©ninafisch / pixelio.de

Manufactured and distributed by brebook publishing software (www.brebook.com)

Cornelis de Houtman, Levinus Hulsius

Kurtze warhaftige Beschreibung der neuen Reise oder Schiffahrt

(1598)

Kurtze Warhafftige

Beschreibung der newen Reyse oder Schiffahrt/ so die Hollendischen Schiff/ in denn Orientalischen Indien; verricht: Welche Anno 1595. in Martio, Alda außgefahren vnd erst im Augusto deß verlauffenen 1597 Jahrs/ widerkommen seind.

Darinne der gantz succes der Reyse/ was sich täglich verlauffen vnd zugetragen/ erzält wird.

Auß der Niderlendischen in hochteutsche Sprach treulich verdolmetschet/

Durch

Levinum Hulsium.

Es seind auch etliche nötige erklerung darzwischen gebracht/ vnd mit Carten vnd figuru gezirrt worden.

Gedruckt zu Nürnberg bey Christoff Lochner/ In verlegung L. Hulsii Anno 1598.

Dem Gestrengen
Edlen vnd Vesten Junckhern Veit
Vlrich Marschalck von Ebnit/ zu Frensdorff: etc.
Meinem großgünstigen Junckhern.

GEstrenger/ Edler vnnd Vester günstiger
Juncker/ vnder allen büchern/ so in grosser menge
noch täglich gedruckt werden/ seind die Historien/
nechst der heiligen schrifft/ nit allein die nöttigsten/
sondern auch die lustigsten zu lesen: Vnder welchen die newen
schiffarten in nutz vnd lustigkeit nit die geringsten seind/ dann
man durch solche *Relation* (fürnemlich mit hülff der landtafel)
die gantze Welt alß inn einem spiegel/ durch sehen/ vnnd solche
gefehrliche vnd sehr grossen reysen/ von orth zu orth nachsuchen
vnd gleich in dem sinn reysen kan.

Dieweilen nun Gestrenger Junckern/ newlich die letzste verrichte Schiffarten von den Holländern in die Orientalischen
Indien, in Niderländischer sprach/ in druck außgangen/ habe
ich die alßbalden vnder die handt genommen/ Teutsch vertirt/
ein wenig erklärt/ vnnd mit Landtaffeln/ vnd Figurn/ geziert.
Vnd dieweilen ich gewust daß E. G. sich neben andern löblichē
herzlichen studiis/ auch inn diesem nicht ein wenig delectiret/
habe ich diß wercklein E. G. zuerlustigung/ dienstwillig zuschreiben wöllen. Bitte E. G. wollen solches also auff vnd annehmen/ wie es auß guten dienstwilligem gemüth E. G. presentirt/ dedicirt/ vnd eygen gemacht würd.

Thue mich E. G. gunst jederzeit befelhen. *Ex Museo*
Noriberga, 1 die Februarij. Anno 1598.

E. G.
    Allzeit dienstwilliger
                     Levinus Hulsius.

L. Hulsius, zum günstigen Leser/ S.

DIe Orientalische Indien/ werden also genent/ darumb daß sie vnsern ansehen nach gegen Orientem oder Auffgang der Sonnen/ligen. India aber/werden sie genent vom fluß Indus/ so inn disem Landt an der grentzen Persiæ gegen Morgen/ zwischen Dio vnnd Cambaia, inns Meer fleußt. Solche Indien seind von den alten Historienschreibern in jren Schrifften bekandt/ vnd haben solche Reysen/ vnnd Schiffahrten/ so von vnderschiedenen Obersten vnd Häuptleuten gethan worden/ vielfältigen erhebt vnnd gelobt: Es haben etliche vermeint daß India (wegen der grossen gewaltigen Städten/ vnzählichen Insuln/ vnnd Schatzkammer aller köstlichheit/ so von dinnen die gantze Welt durchgeführt) das dritte theil der Welt war.

Die Fortunatæ, Gorgonides oder Hesperides Insuln/ werden von dem Solino, Plinio, vnd von den Poeten beschrieben. Der Ptolomeus, so 140. Jar nach Christi zeiten gelebt/ hat solche Indie in seinen Landtafeln gedacht/seind aber widerumb darnach vnbekand vnd verloren worden.

Lib.6.cap. 22. Plinius gedenckt auch/ daß die Insel Taprobana, so jetz Sumatra genendt/ zu zeiten Alexandri Magni gefunden/vnd für ein new Welt gehalten sey worden.

Pomponius Mela. & Plinius lib. 5. cap. 1. Die Alten gedencken auch mit verwundern/ die reyse Hannonis Carthaginensis, so vor 2000. Jarn von Carthago/ durch den Streto Herculis, neben dem Land Africæ, gefahren/vnnd lineam Aequinoctialem, biß auff einen grad/erreicht

reicht hat. Plato schreibt/daß die alten Egypter India ges
gewust haben.

Die Venediger haben auch vor etlich hundert Jar/
in Indiam/doch mit mühe vnd grossen costen gehandelt.
Dann jhre Schiff nicht weyter als gen Alexandriam oder
Damiatam, in Mittelländischen Meer haben kommen kön=
nen/ von danen die waren/ zu land/biß ins Roten Meer/
mit grossen vnkosten vnnd Zohl/ haben müssen geführt
werden. So von dannen mit kleinen schiffen (wegen des
Roten Meers vndieffe) nach Calicut gebracht. Vnnd ob
wol dise alle hierin zu loben/ so seind die/ so zu vnsern zei=
ten solche Reysen vnd Schiffart verrichten/ viel mehr ehre
würdig.

Die alten haben darvon ein wenig gewust/ vnd de=
noch zweyfelhafftig/ wir aber/ zu vnsern zeitten/ haben
darvon volkommen bericht/ kennen die Stäten/fluß vnd
Schiffhaven/ Handtiren mit jhnen/ vnd wird die gantze
welt/ so in so viel vnterschidene Nation zertheilt. Durch
den kauffhandel wider vereiniget vnd erkannt.

Die Lusitaner, oder Portugaleser, haben erst in India
solchen handel angefangen. Die haben durch die kunst
von Schiffart (so zu vnsern zeiten/ den alten schiffarten/
weyt vbertrifft) dis wüste land Indiam, durch ein vnbe=
kante strasse/ so seyter Salomonis zeiten vnbekant gewesen/
erst gefunden: Haben vestung in viel örter gebawt/ jhren
König alda thun ehren/ seinen Namen groß gemacht/
vnnd zu jren grossen nutz/ die gantze welt/ mit gewürtz
vnd Edelgestein/ erfüllet.

Vnd haben sich solche Schiffart angehebt. Anno 1334
zu zeiten Petri IIII. König zu Aragonia, da die Spanier
die Canarias oder Fortunatas Insuln,widerumb erst gefunde.
Ob wol andere schreiben solches Anno 1405. vnter dem
König von Castilien Ioan. II. geschehen zu sein.

1334.
M.Vrb.Cha=
uet superi Ben=
zon cap. 6. &
P.Martyr hist.
Gent.lib. 5.
1405.

A iij   Die

1420. Die Portugaleſer aber/haben die Jnſuln Madera olim
Steph: Gara- Iunonis Ins. genent/vnd Porto ſancto, Anno. 1420.vnter jrm
bay.hiſt. Hiſp König Ioan II. vnd ſeinen Sohn Dom Henrico, erfunden.
lib. 35 cap. 7. Anno 1433. Haben ſie die Jnſuln Viridis, ſo vorzeyten
1433. Gorgonides genent/ vnd vnbewohnet waren/erfunden:
Lod. Acada- vnd haben in der Jnſul S.Tiago oder S. Iacobi, Ein ſchöne
moſto en ſon Statt/ mit ſtainen Häuſer/ So Anno 1585. von Capiten
proheme. & Francisco Draco, erobert vnd geplündert/gebaut.
chap 40. Vñ Anno 1450 erfunden ſie die Jnſul S.Thomas ſo jetzt
1450. (ob ſie wol zuvorn vnbewohnet) mit einer ſchönen Statt
Idem Acada- Panoaſan genent/geziert:darinnen vber die 1200 Heuſer/ 60
moſto & Waſſer zuckermühlen/da Jarlich vber die 240000 pfund
Theuet enſa braun Zucker/gemacht wirdt.
Coſm:liu. 3. Anno 1482 hat Ioan II. König von Portugal/ein ſtarck
chap. 13. Schloß/ Caſtel Minx, ſonſt S. Georgio, genant/ an den Ko-
1482. ſten Guinex, bawen laſſen: dahin die Moren/groſſe menge Goldt bringen. Seidert iſt der Dom Triſtan dAcuna, in
 namen deß Königs von Portugal/ biß vber den C. Bonx
Au preface des ſpei, gefahren/vnter den 33. grad Eleuat. VerſusMerid. alda
Nauig. Orient er etliche Jnſuln ſo noch ſeinen namen füren/perluſtrirt vn̄
Tom. II. gefunden hat.
1491. Anno 1491. ſeind der Fürſt von Sogno, vnnd bald dar-
Edouard:Lo- nach der König von Congo in Africa,zum Chriſten glaubē
pes Nauig:lib. bracht/von dē Prieſtern ſo König Ioan II. dahin geſandt.
2. cap. 2. Anno 1497. den 20. Nouemb hat Vaſco de Gamma, in
1497. name deß Königs Emanuelis, von Portugal/erſt C. Bonx
Maffeus de re- Spei, vmbfahren/vñ iſt zu der viereckcten bemaurten ſtatt
bus Indicis lib. Melinde in Æthiopiam kommen/ vnnd hat jhn der König
1. & Oſorius de re- alda mit einem ſteurman verſehn/ſo jhn weyter in Indiam,
bus Emanuelis gen Calicut/ geführt.
1500. Anno 1500. ſeind die Portugaleſer vnter dem Haupt-
dem Maffeus man Petro Aluares,mit 12 Schiff/ ſo für 14 Jaren von allen
 notturfften verſehn/nach Indiam, gefahren: vnnd haben
auff

auff der andern Seyten von Africa/ die Insul Cosalam/ als da sie ein Schloß gebaut/ erobert.

Anno 1505. gewinnen sie die Königliche sitz Quiola/ durch den Haubtman Franc. Damiada/ vñ verbrendē Mombazam.   *1505.*
Maffeus. lib.5.

Anno 1506. Ist Madagascar/ das ist der Mon Insul/   *1506.*
jetzt S. Laurentio genent/ von jhnen erst erfunden/ welche   *And. Corsal:*
vnter den grösten vñ reichisten der gantzen Welt geachtet   *Epist. 1. cap.3.*
ist. Hat viel Sandalholtz/ Helffenbain/ vnd amber/ seind   *& Osor, lib.4.*
Machometis/ vnd schwartz von farbe.

Im selben Jahr/ ist die statt Ormus, inn einer Insul   *1506.*
von der Golfo von Persia gelegen/ von dem Haubtman   *Idem Corsales*
Franc. d Alboqueric, mit gewalt erobert/ vnnd der König   *Cap. 5.*
alda/ Tributarius oder zinßbar gemacht worden. Da werden die besten Orientalische Perlen gefischt.

Anno 1509. Ist Goa, die Haubtstatt von gantz India,   *1509.*
alda jetzt deß Königs Statthalter vnd der Ertzbischoff   *Idem Corsales*
residirt, vnd das Parlament ist/ erobert worden. Ist ein   *& Maffeus.*
schöne grosse statt: die Iesuiten haben alda ein schön Collegium, vnd vber die 600. Discipulos.

Zur selben zeyt haben sie mit verwilligung deß Königs   *Ioan Hugen*
von Cambaya, die Vestung Dio, in einer Insul/ dabey der   *Linschot in sÿn*
fleuß Indus inns Meer fleust/ gebaut: haben aber darnach   *schipvaert,*
die gantze Insul in jhren gewalt bracht.   *lib.1. cap. 8.*

Anno 1512. Ist die mächtige Statt Malacca, gegen v-   *1512.*
ber der grossen Insul Sumatra gelegen/ von den Portuge-   *Corsales Epi.1.*
sen vberweltiget/ so alda ein starck Schloß gebaut/ vnnd   *cap. 11.*
ein Bischoff haben. Vmb die selbe zeyt/ ist der König   *& Maffeus.*
von Pegu, mit den Portugalesern/ freundlich verglichen/   *Osorius de re-*
vnd hat jhnen/ ein Vestung zu bauen vergunt.   *bus Emanuel.*

Anno 1514. seind die Lusitaner oder Portugaleser/ von   *1514.*
Malacca nach China mit gewürtz gefahren/ so sie da mit   *Corsales Ep. 1.*
guten nutz verkaufft: man hat sie aber alda ins Landt nit   *cap. 11.*
ein gelassen/ wie auch noch heutiges tags nicht/ ob sie
wol alda grossen handel treiben.   Diß

Hiſt.Chine Io-
an.Corſ: Men-
doza.lib.3.

Diß ſoll das gewaltigſte Königreich der gantzen welt ſein. Alda iſt viel Golt/ Silber/ Kupffer/ Eyſen/ Edel ſtein/ Rabarbari, Zucker vnd ſaubere Porcellanen ſchalen/ Sie ſollen 948350. Fußknecht/ vnd 58465. zu Roß auffbringen können: Buchſtucken vnd das geſchütz haben ſie vor. Tauſent Jahr gehabt.

1516.
Maffeus.

Anno 1516. iſt die Statt Zeila in Æthiopia, von den Luſitaner, gar verbrandt.

1521.
M. Vrb. Cha-
ueton ſuper
Benzō:cap.14
Oſorius lib.

Anno 1521. Iſt der Sebaſtianus de Cano, da ſein Oberſter Ferd. Magellanus, in der Jnſul Mathan, zu Todt geſchlagen war/ vmb den C. Bonæ Spei. gefahren. vnnd hat alſo aller erſt den gantzen Erdboden ombfahren: vnd iſt in Septemb. zu Seuilliam, in Hiſpanien/ wider an kommen.

Linſchot, lib.1.
cap.8.9 &c.
& Caſp Balbi.
nel ſuo Viag-
gio del Indie:
cap.18.

Seither der zeit haben die Portugaleſer in India noch diſe Stätt vnnd Veſtung/ allenhalb erobert vnd gebawt. Vnd halten ſie noch biß auff den heutigen tag. von Cambay hinunter warts/ nach der ſpitzen von India, ſo Cap. de Comeri, genent. haben ſie nechſt Cambaya.

Dio, Statt vnnd Veſtung/ in einer Inſul, ſo vnüberwindlich.

Domaom, Statt vnd Veſtung.

Bacaim, Ein Statt/ dabey die Indianer in der Inſul Salſette, ihren fürnembſten Pagoda, oder abgott haben.

Chaul, Ein Statt vnd Veſtrng/ alda ein guter ſchiff haven/ vnd die Portugaleſer gar viel Schiff haben. Sie werden alle ſeyden geſponnen (ſo rauß China kombt) vnd machen alda atlaſ/ Almoſin/ Taffet vnd Grogrein.

Dabul. Haben die Portugaleſe gehabt/ aber wider verlohren.

Goa, Iſt die Hauptſtat Indiæ,

C. Darama, Ein Veſtung/ vnd Schiffhaven.

Onor, Ein Veſtung/ da der beſte pfeffer wächſt.

Barcalor, ein veſtung/ haben alda viel reiß vnd pfeffer.

Maugalor

Mangalor, ein Vestung.

Cananor, Ein Vestung/ vnnd die aller beste so sie in India haben.

Cranganor, Ein Vestung.

Cochin, Ein fürnehme statt/ beynahe so groß alß Goa, hat schöne Kirchen vnd Klöster/ vnd in ein guten schiffhaven/ dann alle Schiff/ so auff Portugal fahren/ alda auß vnd wider ein laden.

Coulam, oder Coulon, Ein Vestung.

Cap. de Comeri, Diß ist die spitzen Indiæ, alda man auch perlen fischet.

Columbo, Ein Vestung in der Jnsul Ceylon oder Zeylan, so sie gegen den Indianern, mit gewalt vnd grossen vnkosten/ halten.

Negapatan bewohnen die Portugaleser auch/ ligt in India, auff der seyten gegen morgen.

Maliopar oder S. Thomas, alda seind auch andere Christen/ so von der Apostel zeiten da gewohnt/ jhren Ertzbischoff haben/ vnd Griechische Ceremonien gebrauchen.   *Idem cap. 14. & 15.*

Bengala, da der Deamant gefunden wird/ Da wohnen die Portugaleser auch/ haben aber kein Vestung.   *cap. 17. & 18. Osorius*

Pegu, da der Robin wächst/ da wohnen sie auch vnd haben ein Vestung.

Malacca, haben die Statt vnd Vestung.   *Corsales,*

Pedir, in Sumatra Jnsul/ hie handeln sie.   *cap. 18.*

Bantam, in der Jnsul Iaua, da sie wohnen.

Macao, ein Statt bey Canton im Königreich China, da sie jre wohnung vnnd grossen handel treiben/ mögen aber weiter ins Land nit kommen.   *cap. 25.*

Moluccæ Insulæ, da haben sie ein Vestung.

Amboyno, Jnsul/ da die Schiff allzeit frisch Wasser nemen/ da haben sie ein Vestung.   *cap. 18.*

Anno 1550. ist die Jnsel Iapan, so vor zeiten zipangri ge-   *1550*
nennt   *Osorius lib. 1.*

nen newerfunden worden/seind 3. Insaso 66. König haben.
Anno 1552. haben die Patres Jes. viel allda zum Christen
glauben bracht/unter andern auch 3. Königen/so Anno.
1582. jre Söhn und Vetter gen Rom geschickt/und Anno.
1587 wider in Indiam ankommen. Die Patres haben in der
Hauptstatt allda Meaco, ein schöns Collegium.

1564.
Linsschot. Lib. 1.
Cap. 18.

Anno 1564. seind die Insuln Manillias oder Philippinas,
für den König von Hispanien/von der seyte von America,
erfunden.

1577.
Iud. Hondius
in Relat.
Nauigat:
Draconis: &
Candisch.

Anno 1577 ist der Capiten Draco Engländer/da er
den gantzen Erdtkreiß umbfahren/zwischen der Insul
Iaua maior vnnd der Insul Celebes, XX stund/mit grosse
gefahr/auff dem grund gelegen/so wir in dem hie neben
ligenden Cartlein von Iaua, verzeichnet.

1588.
Idem, Hondius
& Linschot
Lib. 1. Cap. 18.

Anno 1588. ist der Thomas Candisch Engländer
durch den Streto, zwischen Iauam maiorem & minorem, vnd
durch den Streto di Sunda gefahren/und seind deß Balam-
boam oder Balambram, König in Iaua, gesandte/sowol 150.
Jaren alt was/zu jhm im Schiff kommen.

1597.

Vnd letzlich/ist diß 1597. Jars/dise löbliche Schiff-
fart/von den Holländischen Schiffen davon wir hie mel-
dung thun werden/nit ohne grosse verwunderung/ver-
richt worden: Die daß gewürtz vnd andere seltzame sachen auß
so weyten Ländern/biß in Holland gebracht/und in zu-
künfftiger zeyt/one zweyffel/weil sie sich jtzunder zu sol-
cher Reyse vil starcker preparieren/noch mehr mit bringen
werden. Ist ist dise Reyse/von einem so selbst darbey gewesen, trewlich beschrieben worden. Wir aber haben zu
mehrer erklerung vnnd dem gutgünstigen Leser zu lust
solche mit etliche Carten und Kupfferstück geziert/het-
ten

ten gern alle fürnemen Reysen/nach dem Occitentalischen
Indien oder Americam hie zu gesetzt: haben es aber (ob daß
wir den gutgünstigen Leser nit verdrüssig machen:) Diß
mal bleiben lassen/ vnnd da wir spüren das diß
gefellig/wöllen wir alle Reysen vnd Schiff-
farth/ so je mal in vnterschiedene spra-
chen beschrieben seind worden/
mit GOttes hülff aufge-
ben lassen.

Vale & Fruere.

B ij Beschrei-

Beschreibung der Hollandischen
Schiffahrt/in den Orientalischen
Indien Anno 1595. 1596. vnd 1597.
Cap. I.

JM Jar vnser Erlösung 1595. seind den 10 *Martij*/ auß *Amsterdam* der Hauptstatt Holland/ drey Schiff vnd ein *Pinas*, oder Jagt Schiff/ so von fürnemen Kauffleuten zugerüstet vnd eingeladen sollen werden/ außgefahren/vnd den 21. *Ditto* in *Dexel* ankomen/allda sie 12. Tag mit einladen vnd sich aller dings fertig zumachen/ zugebracht. Das erste Schiff *Mauritius* genennt/ war groß 200. last/das seind 8000. Centner/ trauff *Ioan Mollenar* Schiffmann vnnd *Cornelius* Houtman *Comissarius* vnnd *Capiten Maior*, mit 84. Männer waren vnd hetten Geschüß 6. halbe Cartaunen/14. Schlangen/ vnd 4. grosse Stück Stein oder Würffel zuschiessen. Das ander Schiff *Hollandia*, genennt/ mit dem Lewen/ war auch 200.last groß/hette 85. Männer 7. grosse von Metalen stück/ vnnd 4. grosse mit 8. kleinen stücken mit Stein zu schiessen: Vnd war Schiffmann *Ioan dignuns* vnd *Comissarius* Gerard von Büningen.

Das dritte Schiff *Amsterdam* genennt/ groß vngefehr 100.last/das seind 4000. Centner/ hette 59. Männer/6. von Metallen stücken/10. Schlänglein 6. Stein zu werffen /vnnd war Schiffmann *Ioan Jacobs* Schellinger/ *Comissarius* Reynier von Hel.

Die *vina* oder Jagtschiff / war groß 25 last oder 1000. Centner /drauff Simon Lamprechts Schiffmann vnnd 20. Männer waren.

1595.
2. April.

Diese 4. Schiff seind den 2. April/ mit ein *Nord Osten* Wind/darvon gefahren/ den 4. Ditto/segelten wir durch den *Streto* oder enge/ *Calais* vnd Engeland. Den

Den 6. neben der Jnsel *Heissant.*   u. *Heissant,*
Den 10 fürüber den *Barles* von *Lisbona,* mit eim *Ost* vnd   *Barles.*
Nort Ost wind.
Den 17. sahen wir die Jnseln *Canaria.*
Den 19. die Jnseln *Palma,* vnd *Ferro,* von den *Canaria.*   y. *Palma &*
Den 25. die Jnsel *Bona Vista,* von den Jnseln *Viridus.*   *Ferro*
Den 26. haben wir neben der Jnsel *Maijo* vnsere Ancker   y B. *Vista*
außgeworffen.   y. *Maijo*
Den 27. seind wir den *Sud-Sud Ost,* zu gefahren.
Den 3. *Maijo,* haben wir 2 schiff deß konigs von *Hispania*   im *Maijo.*
gesehen/ so auch nach *Indiam Orient:* fahren wolten/ vnd war
jder vngefehr 500 oder 600 last groß / haben mit jnen geredet /
dann wir jhnen sagten / daß wir nach dem *Streto Magellanico*
wolten: Dieweilen aber vnsere schiff geschwinder alß jre waren/
verlohren wir die alßbald auß dem gesicht.
Den 12. *Maijo.* haben wir auff 5 grad nach der *linea AE-*
quinoctial 5 schiff so von der Jnsel *S. Thomas,* mit zucker geladen kamen vnd nach *Lisbonam* wolten/ antroffen: mit welchen
wir geredet/ vnnd haben darein etliche brieff geworffen/ so in
Holland zu recht kommen seind.
Den 4 *Iunij,* seind wir *lineam AEquinoctialem* passirt/   in *Iunio.*
vnd hat die grosse hitze alhie/ alle vnsere proviant verderbt/ daß
vnser gesaltzene visch vnnd fleisch ist schmeckent oder stinckent
worden / vnsere biscotten (daß ist brodt so 2 mahl gebacken)
schimmlich/ vnser bier vnd wasser verdorben/ vnsere gesaltzene
butter/ wie öl geschmolzen / so grosse franckheiten vnter vnsern leuten verursachet / vnd haben mit schaden gelehrnet was
für speiß vnd tranck alhie / die gesundtheit zuerhalten / gut ist.
Den 27 seind wir gen *Tropicum Capricorni* passirt.
Den 28. die drucken von *Brasilia* so die Pertugaleser *Ba-*   *Baxos Abrei-*
xos Abreihos nennen/ ist ein geschlicher orth/ dafür man sich   *hos.*
wol hat vorzusehen / ligt bey *Brasilia* vnnd muß man weder

B iij   *Brasi-*

Brasilam weiter / Africam zu rahe fahren / ferr ist wen ker Brasilia in gefahr wegen der vndieff/ et ... ... falle Wetter / Donner / Bliten er dgroß verselen l... s...ugewitten.

Darnach seind wir Ost, Sud Ost, et ch Ost vnnd Ost, zum Nord, fort gefahren.

in Iulio

Den 13. Iulij haben wir ein menge von schwartze Vogel gesehen.

Den 19. viel weisse Vogel.

Den 20. ein Vogel so groß als ein Schwan ne waren 4. oder 5. solche grosse Vögel bey einander seind/ist es ein zeichen daß man nicht weit von C. Bonæ spei oder Bona Speranca (das ist die spitzen von guter hoffnung / am dusserrsten theil Africa) ist: Daß diese Vogel immer daher vmbschweben.

in Augusto.
C. Bonæ Spei.
Angue de Sambras.

Den 2. Augusti / sagen wir das Land von C. Bonæ spei, vnd haben den 4. Dito in der Schiffhauen oder Port *Angue de Sambras* vnser Ancker außgeworffen / dann allda ein guter Sand grund von 8. oder 9 klaffter dieff ist.

Den 5. seind wir am Land gefahren etwan erfrischung/ für vnsere Krancken / derer 30. oder 33. in eim Schiff waren/ zu suchen. In dieser *Bay* oder *Golfo* ist ein klein Inseln / da grosse menge von Vogel *Pincuius* genannt seind / auch vil Seewölff sen so man mit der hand fangen kan: Auffs Land haben wir mit den einwonern gute freundschafft gemacht / so an vnser Schiff vil *Proviant* brachten/ vnnd gaben vns für ein Messer oder ein klein stück Eysen / &c. Ein Ochsen / ein Kue/ ein Schaff &c. Die Schaff allhie haben grosse schwentz/die wol feist vnd *delicat* seind / die Ochsen haben hohe buckel / so lauter feist ist / wie die Brust an einem feisten Ochsen.

Die einwoner seind von kleiner gestalt / aber starck von Gebein/(von farb schwartz) gehn nacket/vnnd haben allein ein Thier haut rmb den Leib / so am halß zugebunden wie ein Mantel/ jre scham decken sie mit eim Fuchs schwantz oder von ander

ander Thiern/vnten an der Solen von jhren Füssen haben sie Thier häuter gebunden. Jre wehr seind Spieß zwo klaffter lang/ daran breyde Eysen seind. An den Arm hetten sie helffenbayn ringe waren anzusehen ernstlich vnnd Tyrannisch/ doch haben wir nur freundligkeit von jhnen empfangen/aber vieheisch sein sie/daß sie das Fleisch wie es geschlachtet/vñ das eingeweyd vñ gewaschen/gessen/schmeckte auch gewaltig vbel/daũ man den gestanck von jhnen wol ein klaffter weit schmecken kondte. Jhre sprachn kondten wir nicht verstehn/ dann sie glocks elten wie ein Jndanischer Han. Vnd waren jrer vngefehr 30. starck/wissen aber nit wo sie wohneten/dann wir bey jnen keine Häuser gesehn: Wir suchten bey jhnen Pomeranzen vnd Limoenen/ es waren aber keine da.

Cap.

Cap. 2.

1595.
im Augusto.

Den 11. Augusti/ haben wir vnsern Ancker auffgehaben/ vnnd seind nach der Inseln *Madagascar*, so jetzt S. Laurentij genennt zu gefahren:

Den 22. haben wir gegen Wind gehabt/ auß dem *Nort Ost*.

Den 25. ein *West* wind/ vnnd darmit *Ost, Nort Ost,* zugefahren.

Den 28. hat ein *Sud Ost*, Wind gewehet.

Den 30. *Sud West/* sein stets *Nort* vnnd *Nort Nort Ost*, nach S *Laurentij* Insul zugefahren.

im Septemb.
I. Madagascar

Den 1. *September*, kamen wir an die spitzen der Insel/ am 26 grad/ *Versus Meridiem*.

Den 3. *Ditto* sahen wir die Insel/ darzu wir mit grossen verlangen gesegelt/ dann vnserer Krancken vil waren/ also daß man die Schiffe schwerlich weiter führen kondte/ ohne ruhe vnd erfrischung.

Den 9. Dito/ ist der Schiffman *Ioan* Schellinger mit sein Boot Schelg oder Nachen/ nach dem Land gefahren/ da er drey Fischer gefunden/ so im Fisch voll auff/ für 2. oder drey Messer geben haben.

Den 13. fuhren wir in ein *Boy* oder *Golfo*, dieweilen aber es allda nit gut war anzukehren/ seind wir wider außgesegelt.

Den 14 seind wir an ein kleine Insel kommen/ etwan 2. Meil groß/ die wir den Holländischen Kirchhoff genennt/ weylen allda viel von vnsern Schiffleuten begraben worden

Den 29. starb auch allda *Ioan* Dignuns/ Schiffmann deß Schiffs *Hollandia.*

Den 30. seind allda am Land gesetzt vnd verbannt werden/ *Ioan* Peters von Delfft/ auß dem Schiff *Hollandia*, vnd focken von Medenblich auß dem Schiff *Amsterdam*, wegen jhrer begangener vbelthat/ vnd hat man sie lauffen lassen.

Die

*Die Insul Madagascar, itzt S. Laurenty genent, ist noch gar Heydnisch. Alda haben die Holländer in ein kleine Insul, so nechst darbei, viel von ihrem Volck, so inen gestorben, begraben. Oben in der Insul S. Maria, war der König mit den Hörnern, davon gesagt worden. Zwischen Africa vnd diser Insul Madagascar, ligt die Sandtqüelen, vnd Coralen felsen, Baixas de Iudia genant, Alda maniges Schyff, vntergehen vnd ersauffen muß. etc.

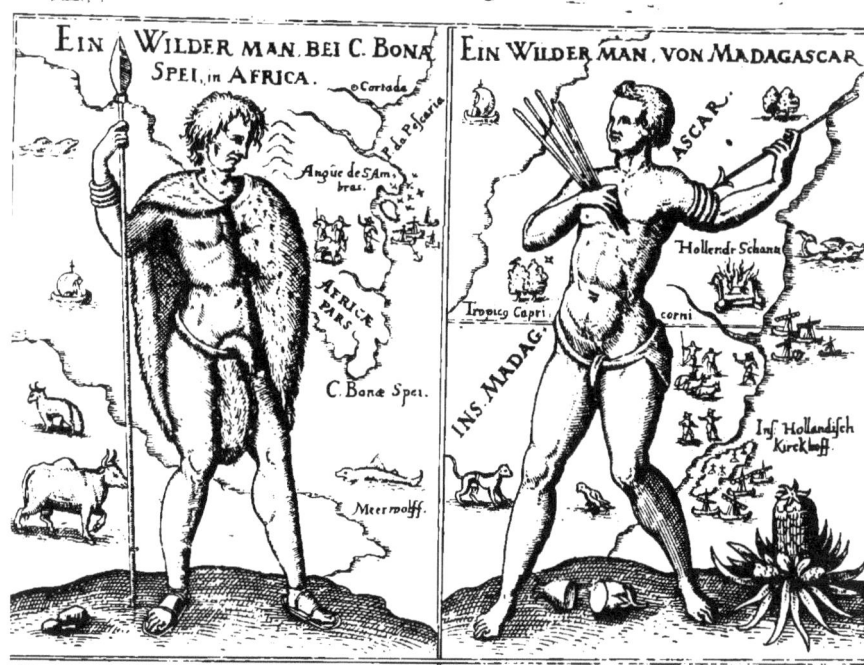

EIN WILDER MAN, BEI C. BONA SPEI, in AFRICA.	EIN WILDER MAN, VON MADAGASCAR
Dise Leüt seindt Kürtz vnd schwartz, Lauffen nackett, aufgenomen eines thiers Haut vber den hals, ihr Schame ist mit einem fuchsschwantz zugedeckt, vnten ihre Solen mit einer thierhaut gebunden, darauff sie gehen, Gaben den Hollendern vmb ein Messer einen Ochsen, die hohe buckel haben. Ihre Schaffe haben dicke lange schwentz, Sindt auch vil fische, so meerwolf genant, alda, welche sie mit henden fahen. etc.	Dise gehen also daher, sindt Machometisch im glauben, brauchen pflitzpfeyl, damit sie so gewis, das sie ein groschen treffen könen, Haben für ein Zynnen Löffel, 3 Schaf gegeben, Alda sindt viel Meerkatzen, Papegay, vnd Turteltauben. Haben der Hollender Steirman erschlagen, dargegen sie einē gefangenen in Hollandt gebracht. Alda seindt auch 2 Hollender verbannet, vnd an das landt gesetzt worden. etc.

Die weyln aber wir dabey der Inseln verharreten/ist vn-
ser *Pinas* oder sagt Schiff/süß Wasser zusuchen/außgeschickt/ *in Octob.*
so auch den 1. October da er solches gefunden/widerkommen.
Seind also darzu gefahren/ vnnd den 10. Octob. an den fluß
gekommen/ vnd ruderten an das Land allda wir gute Speisse
funden. Die einwohner waren gantz willig/vn brachten vns von
allen voll auff/ Vnd bekamen allda für einen Zinen Löffel ein
Ochsen oder drey Schaff.

Den 11. Ditto seind wir mit einem Nachen voll Kranck-
en ans Land gefahren/Da wir deß andern Tags/von den wilden
vberfallen seind worden/ vnd hat vnsere gegen wehre wenig ge-
holffen/ haben der vnsern etliche verwund/ vnnd namen alles
was wir da hetten: Deßhalben wir vns haben müssen mit brettern vnd andern dingen verschantzen.

Den 13. Octob. vberfallen sie vns wider/ es wurd aber einer von jhnen todt geschossen/ vnnd einen andern haben wir
gefangen.

Den 19. ist der stewermann (das ist der so das Ruder regiert) mit namen *Niclas Iansens* von den wilden vberfallen
vnd ermört/wiewol wir vns dapffer genug gewehrt/sie aber er-
schracken für keinen Waffen/ 10. oder 12. Tag darnach bekamen wir einen von den jhren so es hat müssen entgelten.

Den 1. Decemb. da vnsere Leut meist alle gesund/seind wir *in Decemb.*
widerumb zu Schiff gaugen.

An diese seyte der Insel *Madagascar* ist das Volck wol *y. Madagascar*
conditionirt gehn nacket /allein das sie vor jhre schame/ein tuch
von Baumwollen tragen/ etliche bedecken die Brüsten biß vnter jre schaw: Zieren sich mit Kupffern ringen an den Arm/daß
Zin aber ist bey jhnen in grossen würden/ dann wir 6. Schaff
für einen Zinnen Löffel bekommen. Sie seind schwartz/wohn n
in Hüttlein/ vnnd ernehren sich armselig sie halten das Gesetz
Machomet: Dann die Jungen so wir von den jhren gefangen
beschni-

C

beschnitten waren. Allda seind viel Papegeyen/Meerkatzen/
vnd Torteltauben/so wir in grosser menge geschossen vnd ges
sen:Sonst haben sie keine Früchten/oder obs/als *Tambexi-
ämes.*

Den 2. *December,* Haben wir vnsere Schantzen vers
brannt/vnd seind 14. von den vnsern ins Land vmbgestreifft/
haben etliche wilde Leut gefangen/so wir im Schiff allerley ars
beyt gelehret haben. Davon noch etliche in Holland sein.

Cap. III.

1595.
in Decemb.

DEN 14. Haben wir vnsern Ancker auffgehebt/dann
wir fast alle zur gesundheit/Gott lob kommen waren/
wolten vnsere Reyse auff *Iauan* befördern/vnnd seind
Ost zum Nort, vnd Ost, Nort Ost, zugefahren.

Den 19. *Ditto,* seind wir durch vngewitter von den an
dern zertheilt/aber den 22. wider mit frembden zusamen kommen.

1596.
Ianuario.

Den 10.*Ianuary*1596. ist Vechter Wålens/ein frommer
Mann/so auff *Mauritus* Schiff stewerman war/gestorben/
ist von jedermenigklich sehr beklagt worden.

Im selben tag haben wir für rahtsam gefunden wider an
der Jnsel *Madagascar* anzulånden/wegen der franckheit so man
Scharbock vnd mundfeül nennet/die wider zunam/vnnd ka-
S. S. Maria men zu der Jnsel S. *Maria,*so neben *Madagascar* gelegen.

Den 2.tag so wir darbey kamen/seind die einwohner mit
Reyß/Zuckerrohr/Citronen/Limonen/vnd Hünnern/zu vnsern Schiffen kommen/so vns ein sonderliche erquickung vnd
medicina gewesen Den 13.14.15.16. vnd 17.seind wir allezeit
am Land gewesen/da wir von allen/wie obgemelt/gar vil kaufft-
ten/auch ander: Frucht/bey vns gar vnbekannt vñ gute Fisch
vnd grünen Jngber.

Wir fiengen allhie ein so grossen Fisch/das vnser 13. d: an
genug

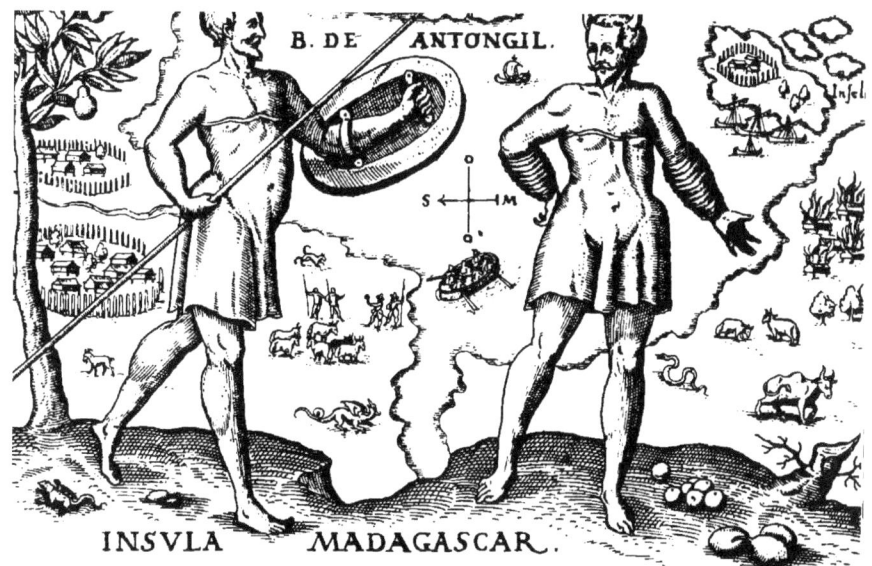

Diſe gehen alſo daher, mit eim hültzern ſchilt, ſo ihnen wenig wider die büchſen geholffen, machen ſtarck getranck von honig vnd reyſs. Ihre heüſer ſtehen 2 ſchüch hoch von der erden, wegen der gifftigen thier, haben mit den Hollendern geſcharmützelt, vnd ſeindt ihrer wol 9 oder 10 todt gebliben, vnd wol 30. Heüſer verbrandt worden. Die Inſúl S. Maria iſt mit obſieheten leüten bewonet. Alda hat ihr König hörner auff dem Kopff, welche im gar ſtarck vnd veſt angemacht, Haben auch Ochſen alda mit groſen ſtarcken höcer oder buckel auff dem rucken, Auch ſchaff. deren ſchwäntz ein Virtehill von eim Schaff züvergleichen, Hat an diſem ort auch vil Limonen. Citronen. vnd Pomerantzen, wonen auch vil Schlangen. Lindwürm. Eydechſn. vnd Geyſs alda,. wie in der beſchreibúng weitlüſtiger gemelt wirdt. ed.

genug auff zu ziehen hetten. Dieweilen aber die Inseln klein
war/vnd vnser so vil/seind wir in der Bay oder *Golffo* von Madagascar (*Baya de Antongil* genennt) mit vnser *Pinas* oder *Baya de An-*
Jagtschiff gefahren/allda wir für 50. geringe Coral/ein tohn- *tongil.*
ne oder faß voll Reiß einen Ochsen 3.oder 4. Schaaf bekamen/
der König allda kam selbst vnser Schiff zu besichtigen/der sahe
wie ein Teuffel auß/dann er nicht allein schwartz war/sondern
hette zwey Hörner so auff sein Kopff waren fast gemacht/war
sunst nacket wie die andern/vnnd hette kupffern ringe zur zier/
am Arm. Den 23. seind wir vor einen fluß gefahren/da wir
von allerley Prouiant ein vberfluß gefunden/vnd seind darnach
vnter ein Insul/in derselbe *Golffo* auff Ancker gelegen.

Den 25. seind vns wilde Leut an die Schiffe kommen/
vnd haben vns mit andeutung vnnd zeychen gewisen/das wir
solten ans Land kommen/welches wir auch gethan/vnnd war
allda Reiß vnd allerley frücht/in grossem vberfluß/zu bekommen. Wie man den fluß einfehret/so ligt eine von jren Städten
an der lincken Hand. Es seind auch zwo ander Stadt an der
rechten/da wir vnsern meisten handel gehabt.

Den 26. *Ditto*, haben wir Geisel in vnsern Schiffen be-
kommen/für etliche von den vnsern so am Land waren/den wir
Wein zutrincken gaben/vnd sich so voll als ein Saw/gesoffen
haben.

Die *Baya* oder *Golffo Antongil*, ist wol zehen Meilen
breit/ligt gegen dem *Nort Ost*, vnd *Sud VVest*, ist wol bewohnt/
vnd voll Stätt vnd Dörffer/da seind Hünner/Geissen/Reiß/
auch Limonen/ Citronen vnnd Pommerantzen grösser als in
Portugal/in grossen vberfluß/darinnen ist ein Insel so bewohnt
ist/vnd allerley Früchten hat. Es seind noch andere drey kleine
Inseln/dabey es gar sicher vnd gut ist/mit den Schiffen auff
Ancker zuligen. Hat auch allda gut Wasser/so vom Gebirg
herunter fellt/da wir vns nach notturfft versehen.

C ij Es

Es hat auch ein halbe Meil davon / im weiten Land / ein grossen fluß / da man Wasser voll auff findet / am selbigen fluß / etwan ein ¼ Meil ins Land zur lincken hand / ist ein Stättlein oder Dorff / so gar nit befestiget / allda vngefehrlich 200. Häuser waren / vnd seind zur rechten / da sich der fluß zertheilte / noch zwo solche Stätt / so mit pfeiler vmbzäunt / vnd die Häuser vngefehr 2. Schuch hoch vber den Erdreich erhoben gewesen / welche auff 4. oder 5. pfeiler gebaut / von stro vnd geröhrig außgemacht vñ zugedeckt. Die vrsachn dz jre häuser also erhebt seind / ist wegē der gifftigen thieren / als Schlangē / Eyderen Chamelion vnd andere / so allda in grosser menge seind die Menschē seind gar schwartz / jhr haar vnd Bart ist auch wol schwartz aber nit krauß wie die Barbarissen / haben auch Nasen vnnd Lippen nit so formiert. Es ist ein dapffer vnd starck Volck / sehr zum volsauffen geneigt / seind tägliche voll vnd toll von ein getranck so sie von Honig vnnd Reyß machen / lauffen nacket / außgenommen das sie vor jhrer schame ein tuch von Baumwollen gebrauchen. Sie machen saubere decken drauff sie sitzen / jr Wehr ist ein Spieß von 9. oder 10. Schuch lang / vnnd ein grosser hültzener Schild / seind aber nit alle gewaffnet / haben von vns gelehrnet (wie wir sagen wollen) die Büchsen zu förchten / dann sie anfangs vermeinten / daß sie nit weiter reicheten / als sie lang weren: Jetzt aber fürchten sie die gewaltig / also das 5. oder 6. mit Büchsen jhrer ein grosse menge / in die flucht treiben / kupfferne ringe / vnd schlechte gläserne Coral / damit sie sich an Arm vnd Halß zieren / ist allda gute wahren.

Da wir am Land bey jhnen gewesen / haben sie vns wol empfangen / vnd musten wir mit jhnen trincken / von jhren getranck von Honig vnd Reyß gmacht / darein sie sich voll sauffen: Wir handelten mit jnen / vnd bekamen von allen voll auff / wir seind aber alle aber dwider in vnser Schiff gangen.

in Februario   Den 3. *Februario* haben wir so groß vngewitter erlitten / das

das wir von vnsern Anckern getrieben worden/in grosser gefahr vnser Schiffen zu verlieren/doch gab Gott genad/das es wider still worden/vñ haben wir vnsern verlornen Ancker wider gesucht/vnd vns an das erste ort gelegt/Got gedancket daß wir ohne grossen schaden darvon kommen waren.

Den 5. *Ditto*, seind wir gefahren vnsern Schelg oder Nachen zu suchen/die wilde Leut aber hetten den zerbrochen/vnnd alle die eysene Nägel außgezogen/hofften vnd warteten drauff das vnsere Schiff alle da solten verderben/vnd da wir zu jnen bey dem Vfer/da sie alle gewaffnet stunden kommen seind/haben sie mit stein nach vns geworffen/da wir gesehn daß sie vns also feindlich empfangen/seind wir widerumb zu vnsern Schiffen gerudert/dann wir vns nit begerten zu rechen/oder auch zu wehren/ohne befehl von vnsern Obersten/ den wir die sachen angezeigt.

Den 8. *Ditto*, seind wir an den fluß wider hinauff gefahren/allda Viehe vnd andern dingen zukauffen/ sie stellten sich aber gar feindlich/drohetē vñ wurffen nach vns mit steine/wir aber seind auch drauff vorsehn gewesen/vnnd haben auß vnser Nachen neben dem Land ein kleinē Ancker in grund geworffen/ schossen mit vnserē Büchsen vnter sie/wiewol sie sich dafür nit fürchteren/dann sie solches vngewont/vnnd meineten daß die Büchsen nit weiter reichten als sie lang weren/da sie aber befunden das 8. oder 9. von den jrigen todt blieben/seind sie dem Wald zu zeflohen. Da wir aber an das Land kommen/haben wir ohn gefehr 20. oder 30. von jhren Häuser verbrennt.

Den 9. *February* seind wir an der andern seyten/allerley notturfft zukauffen gefahrn/sie haben sich vnwillig gestelt/da wir aber jhnen jhre Häuser zu verbrennen troheten/haben sie vns Viehe, Früchten vnnd alles was wir bedürfften genüg zu gebracht.

C iij   Hie

Hie soll man mercken/das es bey C. Bona spei, wegen dem werbel stromen/gar gefehrlich ist dañ selten ein Jar/ das da keine Schiff bleiben. Es ist auch vberauß gefehrlich zwischen der Jnsel Madagascar vnnd Soffola in Africa, allda ein truckens orth Baixas de Iudia genennt, so lauter Coralen felsen seind vnd müssen dennoch alle Schiff, so von Portugal auff Indiam järlich 5. oder 6. fahren der durch: Dann selten geschichts (schreibt Linschotten) das sie ausserhalb der Jnsel (als wie dise Holländische Schiffen gethan) fahren/es were dann das sie lange auffgehalten worden/vnd besorgeten/sie köndten das Jar in Indiam nit kommen.

Linschot in sein schiffarth. Lib.1.Cap.

Cap.48.

Anno 1585 ist das Admiral Schiff S. Tiaguo genennt/ mit vollen segel auff disen Felsen gefahren vnd darinnen stecket geblieben/der Admiral Fernando de Mendosa, der Schiffman/Stewerman mit 10. oder 12. andere seind als bald ins Boot oder Nachen gesprungen/vnd nach 17. tagen/mit grosser mühe/gefahr/hunger vnd dorst/in Africam ankommen/da sie von den Caffres oder schwartzen/ nacket außgezogen seind worden. Die anderen so noch in grossen Schiff/bey nach 500. Personen starck waren/darunder wol 30. Weiber/ viel Jesuiten vnd München/ haben jrer etliche/durch das einreden eines behertzten Italiener/mit namen Cyprian Grimaldo, den grossen Boot oder Nachen/ob er fast auch zerbrochen/auß den grossen Schiff genommen/haben den geflickt vnd geseubert/vnd seind wol jhrer 90. darein gesprungen/davon sie wol 40. ins Meer geworffen habe/mit blosen wehren/hand vnd Arm denen so auch darein wolte/abegehauen; Vnd seind nach 20. tagen/wie auch zwo andere Personnen/ so sich auff brettern gebunden/zu Admiral in Africa, aus Land kommen/die andere seind alle ersoffen.

Es hat sich newlich zugetragen das auß Cochim ein Schiff

Schiff S. Petro genennt/nach Portugal hat fahren wöllen/ist es 6.grad vber der Linea Æquinoct: Sud, Sud, VVest Goa auff drucken Land / so darnach B. de Sud Petro genennet/gefahren vnnd ligent blieben. Da haben die so darinn gewesen /jhr Schiff brochen vnd ein klein jagtschiff drauß gebaut darein sie die boste wahren geladen / vnnd seind alle sampt zu Goa ankommen. Diewelen sie aber da gelegen / seind sie mit vberauß gewaltigen Krebs vexirt gewesen / da gegen sie sich haben müssen verschantzen/ dann was sie erdapt ist verlohren blieben.

Cap. IIII.

Den 12 Februarÿ, haben wir vnsere Ancker/da wir von allem wol versehen/wider auffgehaben / vnd seind auß C. der B. Antongil, mit einem Nort Wind gesegelt.   *1569. in Februario.*

Den 2. Martÿ, bekamen wir ein VVest Wind / damit wir Ost vnd Ost zum Nort nach der Insel Iaua zu gesegelt seind.   *in Martio.*

Im Martio vnnd April / befunden wir das der Compaß oder Magnetnadel bey der Insel S. Brandaon bey nahe zween strich oder theil/von den rechten Nort, gewichen ist.   *in April. y. S. Brandaon.*

Ist zu Notirn, das dise Insel S. Brandaon gerad vnter den 90.grad. Longit. ligt/wie auch die Insel Ormus, vnnd ist also die grösseste abweychung der Nadel nach dem Ost oder Morgen/allda: Wie wir in vnser Wegbüchlein augenscheinlich bewiesen. Das aber die Nadel allda bey zween strich das ist $\frac{2}{16}$ oder $\frac{1}{8}$ theil abgewichen solches sol also mit der gröste Declinatio Magnetis à Polo Mundi. so der Mercator observiert/nit zu treffen/weilen $\frac{1}{16}$ theil vngefehr 22$\frac{1}{2}$ grad ist/dann der gantze Erdkreiß in 360 grad getheil/da man nun solche zahl / mit 16. theilet / kompt/ 22$\frac{1}{2}$ Grad darauß / vnnd also hats der wol erfahren

Schiff

Schiffmann Sebastianus, Gabato von Venetia, vngefehr.
Nel sua Greo- Anno 1507. auch obseruirt: Wie auch der Liuio Sanuto in
grafia del sein Affrica, wer will kan weiter in mein Lateinisch weg-
Affrica Lib. 1. büchlein lesen.

Wir haben auch allda den truckene Sand quellen/ so die Portugaleser/ in jhre Schiffahrt Carten anzeigen/ nit entfinden können: Ob wir wol in deß Meer gewirbel sireme gesehen/ seind allda mit stille wetter vexirt werden/ doch haben wir mit dem newen Mon/ genug Wind auß dem *VVesten* vnnd *Nord VVest*, bekommen.

in Mayo. Den 27. *May,* hie hat vnser süß Wasser im Schiff sehr abgenommen/derwegen vnser *portion* das halbe theil ist geringert/ also das jeder täglich nur 4. Mutsken/das ist vngefehr einer Nürnberger maß/ bekommen hat. darüber wir wegen der grosser hitze/ vnvertreglichen derst gelitten/ also das ein trunck Wasser ein *Real* von 8. das ist 16. Batzen gegolten.

in Iunio Den 5. *Junÿ* sahen wir ein Jnsul/ so wir meineten die Jn-
y. Engano sul *Engano* zu sein/ deßhalben wir alle zusamen/ der hoffnung
I. Iaua. süß Wasser zu bekommen/ sehr erfrewten. Da wir aber neher darzu kamen/ war es ein Jnsul/ bey Iaua an *Stretto de Sunda,* vnter dem 9. grad *Eleu:* gegen Mittag. Den 6. *Ditto,* seind wir nehr dem Land gefahren/ allda wir 6. oder 7. Nachen mit wilden gesehen/ sie aber blieben still vnd dersten nit zu vns/ jo seind wir in ein grossen Nachen wol verwahrt nach dem Land gefahren sie aber ruderten also bald an Vfer/ vnnd da die vnsere darzu/ seind die wilden allda wol jhre 40 oder 50 starck mit jren flitzbogen in der Hand/ gestanden: waren gar nacket/ rotfarbig am leib/ vnd jhr wesen vnd geberen nach/ saur vnd Barbarisch/ also daß vnsere Leut nicht haben an dem Land gehen dörffen/ vnd kamen wider in die Schiffen.

Den 7. dito/ haben wir den Eck der Jnsul *Sumatra,* so ein hoch Land ist/ gesehen.

Da.

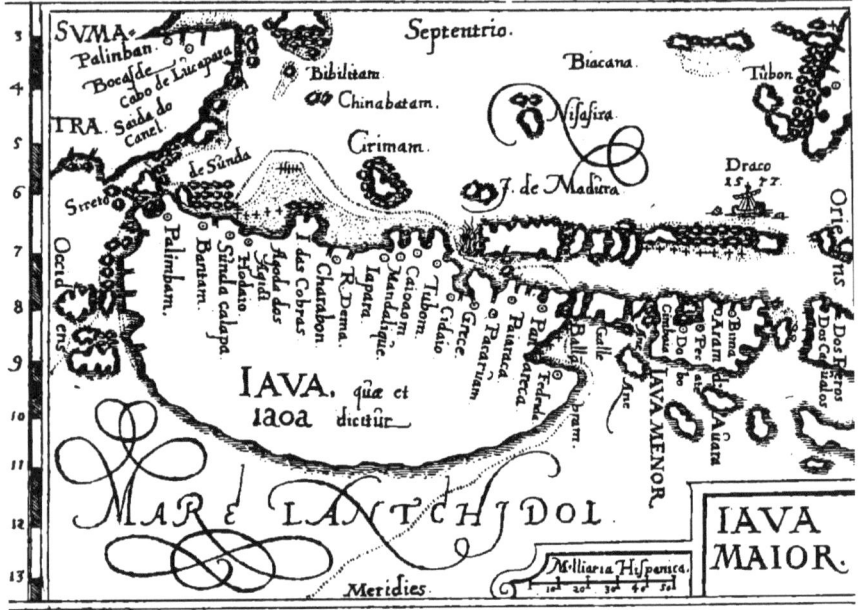

Die Insul Iaûa Maior, Ligt vnder dem 8. grad Eleu. Pol: ad Meridiem, darin die fürnembste handelstatt Bantam ist. Ob wol Jakatra oder Sunda Calapa, vor disem ein gewaltige Statt gewesen so durch Kriege verwüst. Nit weit von dieser Jnsül. Ist der Cap. Draco An: 1577. wol 20 stundt, mit groser gefahr, auff dem gründt gelegen etc.

Den 15. July. Ist der Oberste aus der Insul Samatra zu vnserm Jachtschiff komen, dasselbige zubesehen, warde auff Türckisch bekleydet, Brachte vns ein geschenck von Beteln bleter, so sie mit Kalck imerdar im Maul Keuwen, Hete gar ein Ernsthafftes vnd strenges ansehēs, Hielte sich doch hernach freundlich gegen vns, vnd beweiset vns grosse Reuerentz etc.

Da wir den 11. Ditto, gar vnter das Land kommen seynd/ allda vil Insul gelegen: dabey wir vns nider gelassen.

Den 12. Ditto, haben wir etliche Schiffen gesehen/ das von eines nahe bey vns kame/ dem seind wir entgegen mit einem grossen Nachen gerudert/ haben mit jhnen geredt/ kondten sie aber nicht verstehen/ jedoch haben sie vns Wasser gewisen/ darüber wir vns sehr erfrewt/ das wir vns wider vom Wasser erkättigen solten.

Vnd war es gerad 4. Monat das wir an kein Land kommen/ noch keine erfrischung gehabt hetten/ vnser Jagtschiff ward nach dem Land Sumatra alle gelegenheit zuerfahren gesandt/ dann da wir lagen/ war es vnbewohnt.

Den 13. Junij kam der Oberster von Sumatra vnsere Schiff zu besichtigen/ welches mit grosser Ceremonien geschahe.

Er war auff Türckisch angelegt/ mit ein Tulband oder grosser Bund/ auff sein kopff/ sah gar sawer vnd ernstlich auß/ hette kleine Augen grosse augenschedel/ wenig Bart/ vnd brachten vns ein geschenck von Bletter so sie Betele nennen. Welche sie mit kalck essen/ vnd jmmer zu kewen. Denselben tag ist vnser Jagtschiff wider zu vns kommen / zeyget vns an die freundschafft dises Volcks/ vnd brachten vns ein theil Cocos, das seind Indianische Nüß/ auch Melonen/ Zwibel/ Knobloch/ vnnd ein muster Pfeffer vnd ander gewürtz mit sich/ deß vns sehr erfrewt.

Den 14. Ditto, haben wir vns mit Wasser versehen.

Den 15. Ditto, ist ein Nachen (so sie Prauwe nennen) neben dem Land gerudert/ die haben wir doch mit seinen willen an vnser Schiffen gebracht/ haben jhm Silber vnnd von vnser wahren sehen lassen/ so jhnen welgefallen/ vnd haben vns nach dem Streto zu gewissen vnnd viel von Bantam mit zeychen gedeuttet/ das alles voll auff da zu finden war: So haben wir jhnen gedeuttet/ sie solten mit vns fahren/ so wolten wir jhnen

Streto di Suda.

Geld

Gelt geben/also hat einer 5.acht doppelte Realen vnd ein rohte
Haube begert/so wir jhm verwilliget/vnd ist also einer von jh-
nen im Schiff *Mauritius* geblieben/ so vns den Weg nach
Bantam weisen soll. Da segelten wir neben viel Inseln herumb.

Den 19. Iulij. so wir neben ein Stättlein gefahren/seind
an vnsere Schiffen/vil Schelg oder Nachen kommen/die brachten vns viel Indianische *Cocos* oder Nüß vnd Hünner zukauf-
fen/so wir von jhnen für andere wahren getauschet.

Bantam.
in Iaua.

Den 22. *Ditto*, seind wir biß vngefehr 3. Meil bey der
Statt *Bantam* kommen/vnd legeten vns neben ein Insul/auff
den abend ist ein Nachen mit Portugaleser an vnser Schiff
kommen/so der *Gubernator* von der Statt außgesandt/zu erkündigen was wir vor Schiff hetten/vnd für Leut waren/wir
antworteten das wir da kommen weren vnsern handel zutrei-
ben drauff sie vns sagten/daß da eben das rechte Pfeffer Land/
vnd allda Pfeffer gnug zu vnser ladung were/weilen auch das
new gewächß verhandt/vnd in 2. Monat zeitt? seinselt/darüber
wir vns sehr erfrewten/dann wir jetzen 15. Monat vnnd 12.
Tage auff der Reyse mit grosser gefahr/armut vnnd dorst gewesen waren/vnnd hetten durch grosse franckheit vil Volcks
verlohren.

Statt Bandam.

Den 23. *Iunij.* haben wir vnsern Ancker wider auffge-
hoben/vnd sind gar nahe der Statt *Bantam* gefahren/vnd
vns neben 4. kleine Inseln so recht *Nort* von der Statt ligen/
nider gelassen. Denselbt tag ist der *Sabandar*. so hesi der Oberster
nechst dem König ist/zu vnsern Schiffen kommen/der fragte
v s was wir allda suchten/darauff wir antworteten/das wir alls
da Pfeffer vnd ander Gewürtz zukauffen kommen waren vnd
gut Gelt vnd gute wahr/so wir jhm zum theil sehen liessen mit
gebracht hetten. Solches jhm wolgefallen/vnnd sagte das allda ladung für vnsere Schiffen genug zu vberkommen were/
vnd hat vns vil guts bewisen.

Auch

Auch Ditto seind auß der Statt ein gantzen hauffen Nachen an vnsere Schiffen kommen/ so allerley Proviand von Hünnern/ Eyern/ *Cocos, Bananas,* Zuckerrohr/ Kuchen von Reiß gebacken/ vnnd ander dingen mehr zukauffen brachten.

Den 24. ist widerumb/ viel Volcks mit allerley wahren zu vnsern Schiffen kommen so vns grosse freundschafft erzeigten/ vnnd wie sie sich stelleten waren sie vnser ankunfft sehr erfrewt/ vnnd sagten vns das Pfeffers allda genug zu vberkommen/ vnd das in ein Monat das new gewächß ein soll gebracht werden. Item das der Pfeffer in zehen Jar nicht so wolfeyl gewesen/ dann man fünff oder sechs Sacken für ein *Catti* (seind vngefehr zehen Nürnberger Gülden) kauffen kondte/ da man ordinari nur ein sack dafür zu kauffen pfleget. Jeder sack wigt 54. Pfund/ Holländisch Gewicht/ ist vngefehr 50. Pfund Nürnbergisch vnnd soll also das Pfund vngefehr 3 Batzen Nürnberger Gelt vnd Gewicht gekost haben.

Den selben Tag/ vmb Mittag/ ist der obgemelte *Sabander* wider an vnsere Schiff kommen vnnd begeret von vnsern *Capiten Major, Cornelio Houtman* das er am Land dem Gubernator zubesuchen kommen wolte. Zu derselben zeyt/ war allda kein König/ dann er ein Monat vor vnser ankunffte allda/ auß der Statt *Palimbam* so er belegert/ mit einem gross Geschütz/ da er die Statt bey nach erobert hette/ geschossen werden/ welches tode von den Frembden *Nation in Bantam* sehr ist beklagt worden/ weil er ein rechtschaffner König gewesen/ vns gefehr fünff vnnd zwäntzig Jar alt/ vnnd hette 4. Eheweiber nachgelassen/ (davon die elteste nicht vber fünffzehen Jahr alt) vnnd einen Jungen Herrn von drey Monat/ so ihm in Königreich *succediren* soll: Vnnd war deßhalben allda

Palimbam,

D ij

allda ein Gubernator / so sie *Kypate* nennen / dieser *Kypate* ließ
an vnsern *Capiten Major* begeren / das er am Land jhn besu-
chen wolte / drauff man jhnen antwortet / daß er wegen seiner
Comission, solches nit thun dürffte / ließ aber den *Gubernator*
bitten / das er erstlich zu jm in das Schiff kommen wolte / als dan
wolt er auch an das Land gehen / er begeret auch von vns das
wir näher an die Statt kommen solte / so wir auch gethan / vnd
seind gesegelt biß an die ander Insul so nur ein halbe meilen
von der Statt / allda ein gutte gelegenheit zu ancqern war.

Cap. V

1596.
zu Iunio

DEn 25. *Iunij,* deß Morgens hat der *Gubernator* zum
dritten mal an vnsere Schiff gesandt / vnd thete vnsern
Hauptman zuwissen / das er in vnser Schiff kommen
wolte / vnd begerte das vnser Hauptmann *Major* jhm mit einem Nachen biß auff den halben weg jhm zu empfangen / solt
entgegen fahren / welche also vmb Mittag geschehen. Vnd
kam also der *Gubernator* mit vil Volck an vnser Schiff / allda
man jhn all vnsere wahr hat sehen lassen / so jhm wolgefallen /
vnd begerte / wir solten an das Land kommen / die Statt vnnd
alles was darinn / wer zu vnsern besten / vnd sagte vns vil guts
zu / man hat jhm reichliche verehrung vnd geschencken gethan /
damit ist er wider an das Land gefahren / seine Leut so mit jhm
waren / haben nit allein *Portugesis,* sondern auch andere spra-
chen geredt.

Palinibam.

Der *Gubernator* hat sich auch gegen vns erbetten / wo
ferne wir mit jhme nach *Palimbam* (so etwan 15. Meil von
Bantam nach abend gelegen) die statt zu erobern heiffen / vñ den
todt jres Königs zu rechen mit vnsern Schiffen fahren wolten:
So solten sie mit aller macht zu Land dahin ziehen / dañ wie sie
sagten / köndten wir fast nah bey der Statt / so nur von holtz /
vnd

vnd mit einem Zaun vmbgeben war/fahren/vnd durfften nur
auß vnser Schiffen darauff schiessen. So wolte er mit vns ein
Contract auffrichten/vnd vns ein grosse menge Pfeffer lifferen/
darzu er vns gutte pfand vnd geissel angebotten/ vnser Obersten aber wolten solches nit annemen/ entschuldigten sich/ das
vnser an Volck zu wenig weren.

Den 26. ist der *Barent Hain, Comiſſarius* auff dem Schiff
Mauritio gehling gestorben.

Den 27. vnnd 28. *Iunÿ*, seind täglich viel Leut zu vns in
Schiffen kommen/ so vns allerley zukauffen gebracht.

Den 29. Ditto, ist ein Keyser/ dessen Vatter vor zeyten
Keyser vber alle Königen/ der gantzen Insul *Iaua* gewesen/an
vnser Schiffen kommen/ dieser aber/ wegen seines bösen lebens/
war wenig geacht: Er redet gut *Portugesisch*, dann seine Mutter ein *Portugesin* von *Malacca* war/ dieser Keyser hette grosse
conſpiration mit den *Portugesern*, so vns zur selben zeyt noch
nit bekannt waren.

Den 30. *Iunÿ*, ist *Capiten Cornelius Houtman* mit einem
Nachen in der Statt mit dem *Gubernatore* zu *Contractirn*,
gefahren.

Den 1. *Iulÿ*, ist gemelter *Houtman* wider nach der Statt
gefahren/ vnnd brachte mit sich ein schrifftlich *Contract* vnnd
verbündtnuß von friede/ so er mit dem *Gubernatore* auffgericht/
welches er *Gubernator* mit eigen hand gut willig vnterschrieben/ das wir allda frey solten handlen vnnd einkauffen was wir
wolten/ darnach ist der *Capiten Houtman* in der Statt mit
vnsern Leuten/ die zu besichtigen spaciern gangen/ so alle auffs
köstlichste geputzet/ mit Samet vnd Seyden angelegt vnd jhre
wehren an der seyten hetten/ den *Capiten* hat man ein *tiresol*, oder
vmbrella für der hitzen der Sonnen/ vbers Haupt getragen/
vnnd gieng vor jhm ein Trometer/ so biß weilen zu verlustiern/
auffgeblasen hat/ darnach wurden sie zu dem Keyser geführet/

in Iulio.

D iij so

so jhnen ein Collation auff Indianisch gehalten/von denen sie
bey den Portugesern geladen/ allda der *Houtman* jnen bekannt
worden das sie jhn zu *Lisbona* gesehen.

Den 2. Julij, seind an vnser Schiffen viel kauff Leut kom-
men/so vns Pfeffer angebotten/wir aber kenneten das gewichte
allda nicht / vnnd wolten nicht kauffen / ehe dann wir vns erst
weiter befragt hetten.

Cap. VI.

Jetz wollen wir ein wenig von der Statt *Bantam*, von jre
starcke gebäw/Handel/trachte/vnd Religion schreiben.

Bantam. *Bantam*, ist die fürnembste kauff Statt der Insul
Iaua Majore, ligt vngefehr 25. Meil durch den *Streto de Sunda*,
an beyder seyt der Statt / laufft ein fluss ins Meer / so vber 3½
Schuch nicht dieff/desshalben keine schwere Schiff darein kön-
nen/vnnd mag die Statt vngefehr so gross sein als München
in Bayern/dessen Mauren so vber zwen Schuch von geback-
en stein /mit dicke/mit spitzigen Ecken (wie Pastenen) auss vnd
ein gebaut sein drauff ober auss vil Geschütz von Metal/wissen
es doch nit recht zu zöbrauchen/dan sie davon sehr erschrecken.

Auff jhren Vesten / haben sie alle Büchsen schuss hohe
blockhäuser von Mastbaumen vnd ander holz gemacht/so da
dienen dem Feind zu wehre/wann er stürmen wolte. Die Häuser/
so fast alle vnter *Cocos* baumen stehn / seind nur von stro vnnd
geröhrig gemacht/mit 4 grosser höltzen.

Die reiche Leut haben jhre Kamer mit Seyden oder von
Baumwollen Leinwaten verhangt, vmblegt vnnd behangen.

Die frembden *Nationen* als *Portugaleser, Chineser, Ara-
bert*, &c. Wohnen alle ausserhalb der Statt /allda ist ein grosse hültzene Kirch oder *Moscea* da *Machometische* Lehr geschiht/
was fürneme Edel Leut aber seind/die haben jhr eygen *Moscea*
in

DIE STAT BANTAM, SAMPT IHRER GELEGENHEIT.

A. Ist die Statt Bantam, in der Insel Iaua, sie haben ihren eigenen König, seindt Machomethisch im glauben. B. sindt 4. Hollendische Schyff, so allda auff Anckern gelegen. C. der Hollender Losement. D. der Portugaleser wohnung. E. der flüs. F. der pfeffer marckt. G. der Hollender Marckt. H. Chineische dolchen marckt. I. Die Porcelanen marckt. K. Chineser wohnung. L. Ein Jauanisch Schyff, welchs gar geschwindt vnd behendt segelt. etc.

In jhren Häusern allda sind drey Märckt/ da täglich von allen
genug zukauffen gefunden wird.
Vnd ist die gelegenheit allhie Figürlich zusehen.
A. Ist die Statt *Bantam.*
B. Sein die 4. Hollandische Schiff/ so vor der Statt auff
   dem Ancker gelegen.
C. Ist der Hollander Losament/ da sie jre wahren feil hetten.
D. Der Portugaleser wohnung.
E. Der fluß so mit einem schlagbaum zugemacht wird/vnd
   das nechste Häußlein/ ist darein man den Zohl/ von allen wah=
   ren/ so auß vnd ein wöllen/ bezalt.
F. Der Pfeffer Marckt.
G. Der Hollandische Marckt.
H. Der Chineser Dolchen Marckt.
I. Der Porcellanen Marckt.
K. Der Chineser Wohnung.
L. Ein Jauanisch Schiff/ so gar geschwind segelt / also das
   wir sie mit ein stillen Wetter nicht haben erfolgen können. Jre
   segel rollen sie auff/ wie ein mappa auff einen stecken.
M. Ist die Machometische Kirch/ so von holtz gebawt.

Die Gassen seind allda gar vnordenlich gebawt/ vnd gar
kotig/voll vnsauber Wasser / da man muß durch lauffen oder
vberfahren/ dann sie keine Trucken haben/ allda seind vil frembd=
der Nation, als auß China, Insuln Moluccis, Malacca, Pegu,
Bengala, Malabor: &c. Soalida grossen handel treiben.

Bey Bantam herumb/ wächst gar vil Pfeffer / welcher im Augusto vnd im Septemb. zeytig ist. Die Muscat nuß kommen dahin
von der Inseln Banda/ die Negel aber von den Molucca: wir ha=
ben allda muscat nuß gekaufft dz pfund vn zesch vnd 14 kreutzer.

Man findet allda Hüner/ Hirsch/ Visch/ Reyß vnd aller=
ley obß/ als pomerantzen/ limonen/ granaten/ melonen/ cumers
ling/z. vil knoblauch/ drauben/ vnd Judianisch obs/ als *Ananas*,
Cocos,

Cocos, Bonanas, Manges, Doryens, Iacca, Pruna: &c. Haben kein brot/brauchen dafür Reiß/das Ochsen fleisch ist am theuresten/dann man einen Ochsen vmb 7. 8. oder 9. gulten/bezalen muß.

Cap. VII.

Die Iauaner vnd einwohner zu Bantam, seind stoltz vnd halßstarrig, tretten gar hochmütig daher/seind Machometisch im glauben/welches sie erst vor 35. Jar angenommen: Es seind aber noch gar vil Heyden/vnd die den abGott dienen allda. Es ist ein lügenhafftig vnnd diebhafftig Volck/so gar nit zuvertrawen. Ihre kleydung so wol arm als reiche Weiber vnd Männer/ist ein tuch von seyden vmb den Leib/so mit einem gürtel mitten deß Leibs fest gemacht. Wie diese Figur außweiset. Seind sonst gar nacket/gelächtig von farbe/vnd gemeinglich mit blossem Haupt/die reichen aber haben ein bund wie die Türcken/andere ein kleins häublein auff dem kopff/ihre Priester sein von Mecha vnd auß Arabia. Ihre wehren kommen auß China, seind Dolchen so sie Cris nennen/welcher hefft oder Handhäben allzeit wie die gestalt eines Teuffels von Helffenbäin oder Holtz gar künstig geschnitten ist.

Vnd ist der abriß deß Teuffels in dieser bey ligenden Figur/allhie zu Nürnberg/von einem hefft eines vberauß schönen Chinesisch Dolchen/so die Holländer auß Iaua gebracht/abgerissen worden/die klinge war Damaskinirt/wie die gegossene klingen/vnd war wie ein flammen/hett ein höltzene gar artig gemachte scheide. Es wird allda keiner gefunden ohne solchen Dolchen Jung oder alt/arm vnd reich/Ja kleine Buben von 5. oder 6. jarn an es ein gar grosse schande allda sein soll/so einer ohne solchen Dolchen daher gienge. Sonst gebrauchen sie auch im Krieg/Schild,vnnd lange Spieß/aber kein Geschütz

schütz noch Büchsen gegen jhren Feind. Der König krieget vmb ein kleine vrsache wider seinen Nachbauren. Die Iauaner nemen so viel Weiber als sie wöllen/vnd so vil sie ernehren können/der gemeine Mann aber hat nur eine/oder bißweilen zwey Eheweiber/vnd 10. 20. oder 30. Kebß weiber. Sie scheiden gar leichtlich die Ehe/dann da sie eine 5. oder 6. Tag gehabt/vnnd dient jhnen nit/schicken sie dem Vatter wider heim.

Die fürnemen Weiber (deren die reiche Leut/gar viel haben) werden gar genaw von vielen beschnittenen dienern verwarth/also das kein ander Manns Person/ja nicht jhr eygen Sohn/in der Weiber wohnung gehen darff. Dise ligen die gantze nacht vnd kewen Bettele Blettern/vnd haben ein dienstmagd so jnen jmmerzu den Leib kratzet: Die Kebs Weiber seind nur dienstmagd bey den Eheweibern/vnd müssen auffwarten/vnnd mit gehen/wenn das Eheweib außzehet/deß mit grossen geprang geschichet. Die Kebß Weiber so man alle kaufft vnnd verkaufft/werden selten schwanger/dann die Eheweiber die frucht vmbbringen/man kan schwerlich auß der Kleydung/die Reiche auß den Armen kennen/dann sie alle ein Baumwollen oder seyden tuch vmb den Leib/biß ober die Brüst tragen/vnd vmb die mitten seind sie mit einem ander tuch vmbgürdet/vnd haben die Weiber das haar/eben auff den kopff/zu hauffe in die höhe gebunden: Da sie aber auff ein Hochzeyt gehen/haben sie ein gülden Krone/vnnd etliche nur von schleckten gold/auff jhren Haupt/vnd Gülden oder Silbern ringen an Arm/jedere nach seinem stand. Sie seind sauber an jhren Leib/dann sie sich fünff oder sechs mahl auff einen tag waschen/so bald sie etwas angerühret/jhre notturfft oder Eherpflicht verricht/lauffen sie als bald biß an halß ins Wasser/deßhalben auch das Wasser zu *Bantam* sehr vngesund/vnnd seind ons etliche so von dem Wasser getruncken davon gestorben. Dann sie alle darein lauffen/sie seind gesund oder vngesund Die Weiber seind faul/dann

E sie

sie den gantzen tag nichts thun als ligen/vnnd müssen die Leib=
eygene leut alle arbeyt thun/die männer sitzē den gantzen tag auf
ein decken vnd kewen Bettele Bletter/haben 10.oder 20.Wei=
bern vmb sich/da schlagen die Leibeygne auff ein Jnstrument/
wie bey vns ein manicordion/die andere klopffen auff ein becken
vnd machen also ein melodey drauff/die ander Weiber tan=
tzen/sie springen aber nit in die höhe/sondern wenden den Leib/
armen vnd schultern wunderbarlich vmb vnd wider vmb/vnnd
thut jede jhr vermögen/daß sie bey dem Mann/ welcher sie sits=
tig ansihet/in gnaden sein/vnnd jhm zu jhr theil/bekommen
möchte.

Die Edelleut/Burger vnd kauffleut/haben jhre sitz vnnd
Höfen/ausserhalb der Statt/da jhre Leibeygne Leut alles bear=
beyten/äckern vnd pflantzen/vnd jren Herren von Reiß/Hün=
ner Obs Pfeffer/vnd anderen dingen in oberfluß versorgen. Es
ist allda das reiche Pfeffer Land/so in grossen oberfluß an den
andern Bäumen/wie die hopffen oder Weindrauben bey vns
wächst/es seind aber gemeinglich wol 200. körnlein oder beern=
lein an ein sträußlein/ist anfangs grün/vnnd wirdt da es zeitig
schwartz.

Cap. VIII.

Die Chineser treiben allda den grossen handel/dann sie
alle Jahr in Januario 8. oder 9. grosse Schiffen/mit
allerley wahren dahin bringen/als Porcellanen/Sey=
den/Damascket/Bisam/Cibet/rohr gold/Queckfilber/Bley/
Kupffer/wachs/eysen: pfaffen/Chinesische Dolchen so sie *Cri=
snennen* vnd *Iauanisch* Welt/so doch in *China* gemacht/vnnd sie
Caixos nennen/dessen abriß in der hie neben ligender figur zusehen.

Diese Müntz ist von ein vermischten metal/bey noch wie
Bley/

CHINESI.

ſe 12000 bleÿene pfeninig
thūn in Müntz 16 patz̄.

Diſe 2000 Küpferne
pfening thūn 16 patz.

Die Chineſer Kauffleut, wie auch die Weiber, Haben lange Kleÿder, Seindt behende Klůge
leütt, vnd beÿnach wie die Jüden alhie. Die fürnemmen weyber werden alle in ſtůl,
ſo vmb vnd vmb mit ſeyden vmbhangen, getragen: Sie betten den Teüffel an.
Die gemainen Weyber gehen alſo daher, vnd tragen Porcelanen ſchalen vnd andre
wahren, in einer bütten Zů Kauff. Dis iſt ihre Müntz ſo in China gemacht, vnd in
Jaüa vnd Jndia gangbar iſt. etc

Bley hat zu mitten ein geviertes loch/ dardurch 200. bey einander geschnüret werden/ deren so vil in Holland gebracht/ vnnd gar biß hie gen Nürnberg kommen seind/ gelten bißweilen zwölff tausent / biß weilen nur eylff tausent ein Real von achten/(das ist sechtzehen batzen) nach dem allda vil auß China gebracht. Sie gebrauchen aber allda zu Iaua noch ein anders küpffern Müns so auch auß China kompt von der dicke vnd schwern wie ein orth eines Thalers/ so auch ein loch/ damit an einander zuschnüren haben/ vnd gelten deren 2000. einen Real von achten/ das ist sechtzehen batzen/ damit kauffen sie allerley wahren. Die Chineser aber führen gemeinglich wider Pfeffer zu rück. Sie wohnen wie gesagt ausserhalben der Statt Bantam, haben aber schöner Häuser als die von der Statt/ jhre gewelber seind groß vnd gevierdt/ von stein außgemauret/ darinn sie jhre wahren für den Fewer erhalten/ sonst seind jhre Häuser auch von rohr vnd strohe/ vnnd seind diese Leut behendig vnnd klug/ lassen sich nichts teuren gelt zu verdienen/ seind beynach wie die Juden in vnserm Land/ dann sie nit außgehen ohne goldwagen vnnd wahren/ vnd richteten offtermals auff vnser schiffen vor Bantam jre kremen wie in ein kauffhauß. Machen allda vil Brandewein von Reiß vnd Cocos, so die von Iaua bey nächtlicher weilen kauffen vnnd trincken/ dann er in dem Machometischen Gesetz verbotten.

Die Chineser leben allda frey wann sie sich allda nidersetzen vnd ein Jahr oder etliche bleiben wöllen/ so kauffen sie ein Weib/ zwey oder drey/ so viel sie wollen/ leben mit einander wie Eheleut. Da sie dann wider nach jhr Land verreysen wöllen/ verkauffen sie die Weiber widerumb/ vnd haben sie Kinder so nemen sie die mit sich nach China Sie haben sonderlichen keine Religion/ sondern beten die Teuffel davorn sie wachsen Kärtzen brennen/ singen vnd bitten das er jnen kein leyd thun wolt.

E ij Dann

dann sie das wissen das der Teuffel von sich selbst bös ist/vnnd
das Gott gut ist der niemand leyd thut/ sondern alles guts/ da
rumb man jhm (nach jhre meinung) nit darff anbitten.

Deßhalben haben sie gemeinglich auff jhre Chinesische
Dolchen/ wie vorn davon gesagt worden/ die Figur eines
Teuffels.

Die Leut wissen gantz vnd gar von keiner aufferstehung/
sonder halten wer gestorben ist/ der ist vnd bleibt todt.

Sie tragen vmb die Statt/ in jhren Butten Porcellanen
schalen vnnd andere wahren zukauffen/ haben gemeinglich ein
Tiresol oder Vmbrella, so jhnen für die hitz der Sonnen verwa
ret/ vber dem Kopff.

Die kauffleut/ vnd Weiber/ sein mit lange recken ange
legt: Wie dise Figurn anzeige/ die fürnemen Weiber aber/ wer
den in einem stul so mit Seyden vmb behangen getragen.

Cap. VIIII.

1596.
in Iulio.

Also wir dann mit vnsern Schiffen vor der Statt Bantam lagen/ ist der *Sabandar,* den 3. Julij. Anno 1596.
wider zu vnsern Schiffen kommen. Er war vns gar
günstig/ vnd hat vns nachmals vil guts gethan. Dieser berich-
tet vns/ von dem gewichte allda/ wie theuer der Pfeffer war/ vnd
gab vns den ratyj/ wir solten nur kauffen.

Den 7. Ditto, schicket der Gubernator in der Nacht ein
Mann zu vns vnd ließ vns für den Keyser warnen/ dann er alle
Edelleut vmb hülff anzuchte vnser Schiffen zu vberfallen/
dann weilen er gar arm/ suchte er ein beut davon zu bringen.

Den 8. Ditto, hat der Keyser an den Schiffen gesand/
vnd lude vnsere Capiten vnsere Schiffleut Steuerleut/ Adels
personen/ Befehlshabern/ Trummetern vnd Büchsenmeistern/
zu gaste/ sie solten dech kommen vnd frölich mit jm sein. Diser

anschlag hatten die Portugaleser helffen machen/ vnd trachteten vnsere Schiffen also von den Befehlshäbern zu berauben/ das sie sich dene deste leichter möchten inpatroniern vnd sie eroobern: Wir aber haben solches wol verstanden/ vnnd allda zu kommen entschuldigt.

Den 11. Ditto, da der Keyser spürete das sein anschlag nicht angehen wolte/ zog er von *Baniam* nach *Iacatra*, so jetzt *Sunda Calapa*, genennt.   *Sunda Calapa*

Den 12. July hat man vns in der Statt ein Hauß verwilliget.

Den 13. Ditto, ist der *Comissarius Resnier* von *Hel*. mit 8. Adel Personē/ vñ ein theil waren/ von jeder gatung ein wenig/ an das Land gefahren/ vnnd bracht die in ein Hauß so vns geordnet war/ das wir allda solten feil haben/ vnnd seind täglich kauffleut zu vns kommen/ so vmb vnsere wahren Pfeffer geben wolten.

Den 15. vnd 16. Ditto, seind vil Edelleut/ kauffleut/ auch Chineser vnd *Araber* in vnser Hauß vnnd Schiffen kommen/ so vns Pfeffer angebotten/ vnser *Comissarius* aber wolt zu wenig darfür geben.

Den 25. Ditto, ist der *Gubernator* wider zu vnsern Schiff kommen/ hat etliche wahren besichtiget vnnd gekaufft/ vnd rieth vns wir solten Pfeffer kauffen.

Zu derselben zeyt haben die Portugaleser mit ernst bey den *Gubernatore* mit geschencken angehalten/ das man vns den handel versperren vnd das Land verbieten soll/ vnd sagten wir wären keine kauffleut/ sonder Landkundschaffter/ dann sie zu *Lisbona* wol wille *Flamengos* gesehen/ aber dergleichen nicht.

Es war einer vnter den Portugalesern so zu *Mallacco* geborn/ mit namen *Petro Triuide*, so sich auffs Himmels lauff wol verstanden/ vnd gantz *Orienten* durch wandert hette. Diser ist vns gar günstig gewesen/ kam täglich zu vnsern *Capitenen*,

vnd warnete jhnen das sie gar vbel thetẽ / sich mit dem einla#
den so lange zusammen / dann es die rechte zeyt war / zeyget vns
andere sachen mehr an / darumb er von den Portugalesern sehr
gehasset vnd nachmals in seinem Beth ermördtet worden.

in Augusto.   Jm *Augusto* / haben wir auch wenig wahren gekaufft vñd
eingeladen / so vns von den Portugalesern bey dem *Gubernatore*, vbel außgelegt / vnd sagten wir suchten nicht zu kauffen / vnd
ist der *Gubernator* darzu mit groß Gelt / von den Portugale#
sern bewegt worden / das er vns den handel gar versperret / vnnd
verbotten hat / vnd das man vns kein Reyß / noch andere sach#
en mehr an vnsern Schiffen führen soll. Also das es damals
mit vnserm handel vergebens war / das hat auch darzu geholf#
fen das der *Gubernator* vns vil schuldig war / vnd hetten vnse#
re Leut die bezahlung abgefordert / welches jn sehr verdrossen hat.

Den 29. *Augusti* schickte der *Gubernator* einen von vnsern
Adel Personen / ein *Tolloc* (ein Jauanischer dolmetsch) vnd et#
liche seiner Leut mit neun leib eygnen zu vnsern Schiffen. In
der Nacht ist vns ein schreiben zu kommen das vnsere Leut so
in der Statt bey vnsern Gütern geblieben / so viel als gefangen
waren / schrieben vns wir solten den *Tolloc* so in vnsern Schif#
fen kommen war / mit seinen Leuten loß lassen / senst möcht es
jhnen vbel geteuttet vnd vmbs leben gebracht werden.

Den 30. *Ditto*, habẽ wir den *Tolloc* mit den andern Jauani#
schen so in vnsern schiffen waren / frey vñ loß gelassen / vnd in die
Statt gesandtet. Dieweilen er vns zu gesagt / allen müglichen
fleiß anzuwende / das vnsere Leut vns zugesandt werden sollen.

Auff den abend kamen 4. von vnsern Schiff gesellen zu
vns / die zeygten an / das vnsere Leut widerumb ein besser Hertz
hetten vnd das sie verhofften zu vns zu kommen / so bald 2. Jun#
cken oder Schiff / so allda mit negele vnd ander gewürtz geladen /
vnd nach *Malacca* fahren wolten (welche die von der Statt be#
fürchteten das wir sie nemen möchten) verreyst waren.

Den

Den 1.2.3.vnd 4. Sep. ist vns schreiben von vnsern Schiffen *in September.*
zu dem *Gubernator* vñ von *Gubernator* zu vns hin vnd her ge-
sandt/wie auch von vnsern Leut so irer 9. von den fürnembsten
wol mit 6.oder 7.tausent gülden wart/am Land auffgehalten.

Den 5. *Septemb.* Da wir vermerckten das vnsere güte vnd
freundligkeit vns zu nachtheil vnnd schaden dienete/ seind wir   *3. Iuncken ge-*
fast an die statt mit vnsern 4. schiffen in der Figur mit *B.* verzei-   *nommen.*
chent gefahren. Ja so nahe dz wir nur 2. klaffter grund hette/ha-
ben als bald mit 2. schlupen (das seind grosse Nachen) 3. Juncken oder Jauanische Schiff/ so bey der Statt lagen hiemit *C.*
vermeint/genommen/vnd zu vnsern Schiffen gebracht.

Die 2. Jauantsche schiff/ waren mit Visch vnd *Cocos* oder
Indianische nüsen/ geladen vnd funden ein fürnemen Chinesischen man darinn/ das 3. hette 10. last/ das seind 400. Centner
negelein 3 last oder 100. Centner langen Pfeffer / ein theil *Ben-
zoin*/ist ein wol riechendes gumi/vnd *Piementa da Rauo*, eingeladen / drauff auch 5. Männer Malabaren/ der Portugaleser
leibeygen die wir auch mit namen vnnd sie fro gewesen das sie
von der Portugaleser dienst erlöset waren.

Es war noch ein Juncken oder Schiff so in der Figur mit
H. verzeichent/davon die Portugaleser ab vnnd zu mit kleinen
Nachen gefahren seind/welches mit 25. last negels/wie wir von
dem gefangenen erführen geladen war/darzu mit vnsern Pinas
oder iagtschiff genäiget / welche da die Portugaleser gesehen haben sie das Fewer darein gesteckt/vnd ist alles verbrannt wordē.

Den 6.vnd 7. Sep. da wir kein schreiben auß der statt bekamē/
seind wir abermal nechst vnter der Statt gefahren/vnd haben
mit vnsern geschüz darein geschossen/vñ damit vil Leut troffen/
wie wir darnach vernomen/ sie haben auch auß der statt sehr
mit grossen stücken geschossen (so von den Portugalesern geschehen dann die Jauaner wenig damit wissen vmb zugehen/
Ja sich dafür förchten) haben vnns aber mit allen jhren
schiessen

schiessen kein ander schaden gethan / dann das sie in des Molenars Schiff durch einen halben Mastbaum geschossen

scharmutsel. Den 7. Ditto, geschach ein scharmützel so sich also verlessen. Wir sahen ein Juncken oder Jauanisch Schiff / in der Figur mit D. gezeichent / segeln / da wir vnser Pinas oder Jagtschiff mit 26. Männer als bald nach gesand / da die Juncken solches gespürt / ist sie neben einer Insel geflohen / allda vnsern Pinas (in der Figur mit E. gezeichnet) jhm nach gesetzt / aber auff den grund koinen: Da die von der Statt solches gesehen / so aller dings mit 24. fusten oder Schifflein / auff jhre weise armiert / fertig lagen / seind sie in guter ordnung in zwen hauffen herauß gezogen / siben haben vnser Pinas zur rechten wie hie neben mit F. verzeichent / vnnd 17. wie ein halbe monne / zur lincken mit G. vermeint angriffen: Haben vns mit jhren Spiessen sehr gethrot / vnd meinetē mit der grossen menge deß Volcks vns zu vbereilen. Da sie vns aber so nahe kamen / haben wir dapffer vnter sie geschosen vnd wenig gefehlt / vnnd ist also bald (da die meiste gefahr vorhanden) die Pinas wider vom grund entlediget. Dann wir mit vnsern Boot oder Nachen / bey zeiten ein Ancker außgeworffen hetten / vnnd haben vns damit von grund gewunden oder gezogen / da wir aber nit zeyt hetten den Ancker wider auff zu heben / haben wir die Cobel abgehawn.

Dieweilen wir nun vns von grund ledig zumachen / vmbgiengen: Seind die 7. Fusten vns so nahe koinen / das sie in vnsern Boot oder Nachen / so von der Pinas nachgeschleifft / gesprungen / das Seyl abgeschnitten vnd den Nachen davon geführet haben / sie seind aber mit vnsern metalen stücken so mit steinen vnd würffel geladen / vnd mit dem hand rohre dermossen empfangen / auch einer in grund erschossen werden / das die andere 17. nicht so nahe haben kommen dörffen: Dann ohne zweyffel / seind jrer vber die 100. auff dieser kirbe todt blieben.

SCHARMVTSEL, DER STAT BANTAM, MIT DEN HOLLENDERN.

Den 5. 6. vnd 7. Septemb: 1596 Geschach ein Scharmützel, wegen das die von der Statt, 9 fürneme Hollender vnd 6000. oder 7000. gulten wahren auffgehalten. A. Ist die Statt, so nach den schiffen schieft, aber keinen schaden thut. B. die Hollendische Schiff, so mit schiessen grossen schaden in der Statt thun. C. drey Jauanische Schiff mit vischen vnd gewürtz geladen, so die Hollender genomen. D. noch ein Jauanisches Schiff mit gewürtz geladen, so dauon segelt. E. der Hollender Pinas oder Jacht Schyff, so dem schyff D. nach streiffet. F.G. 24. Füsten, mit Jauaner, so die Pinas mit ihrem eigenen schaden angriffen. H. ein Schyff vol gewürtz, das die Portugaleser verbrandt haben etc.

Es waren jhrer wol 60. Männer in einer suſen ſaſſen auffeinander / das ſie ſich nicht wehren kondten / hetten nur Spieſſen vnnd Bogen haben nur ein ſchuß mit Geſchütz geſchoſſen/mit jhren pflitzbogen haben ſie niemands beſchedigt/ vnſer Pinas iſt darnach wider zu vnſern Schiffen kommen/ fuhr hart an der Statt dahin/ vnd ſchoß ein ſtück Geſchütz in die Statt/ſie ſchoſſen wider herauß traffen aber nichts. Dann ſie mit ſteinener kugeln geſchoſſen / damit man viel vngewiſſer als mit eyſenen kugeln ſchieſſet.

Cap. X.

Den 8. 9. vnd 10. Septemb. bekamen wir Brieff von vnſern Capiten Major *Houtman*, mit vermeldung das wir nit mehr ſchieſſen ſolten/ſonſt hette der *Gubernator* jhnen getrohet ſie zu ſpieſſen/verhofften ſonſt das ſie rantzoniert oder vmb Gelt geſchätzt ſolten werden. Drauff wir jhme antworten/ſie ſolten ſolches thun/vnnd ſolten die rantzion oder loß Gelt/ſo wolfeil als es müglich beſchlieſſen. 1596. in September.

Den 11. Septemb. bekamen wir Brieff von dem *Gubernator* vnnd auch von *Capiten Houtman*, der *Gubernator* ſchriebe er wolte vnſere Leut wol ledig laſſen/wo fern wir vns ſtille würden halten: Wolten wir aber vnruhe machen/ſo wol er vns auff ein ander weiſe beſuchen/ wir lieſſen jhm ſagen wir wolten ſeiner da warten/ dann mit worten were vns nit zuhelffen: Er ſoll vnſere Leut vmb ein billich loß Gelt ledig laſſen / vnnd ſoll vns den andern tag ein gute antwort geben.

Den 12. vnd 13. *Ditto*, haben wir noch kein beſcheid auß der Statt bekommen / vnd dieweilen vns Waſſer gemangelt/ dann wir auß der Statt keines bekommen kondten / haben wir vnſere Ancker auffgehaben vnd ſeind außgefahren/Waſſer zu ſuchen. ſuchen waſſer

F   Den

Den 17. Septemb. seind wir bey 3. oder 4. Inseln kommen/
allda so ein grosser vnnd starcker fluß deß Meers gewesen/ das
Mallenar vnd Schellinger mit ihren Schiffen in tausent gefahr gewesen/dann sie bey noch auff einen Felsen kommen wa-
ren/das ander Schiff aber vnnd die Pinas/ seind an der Insel
ohne gefahr kommen.

Allda haben wir vnser ancker auß geworffen/ vnnd seind
am Land gefahren (diß muß ausserhalb den Streto di Sunda,
gewesen sein/wie man hie nacher kan abnemen) allda haben wir
Leut gefunden so vns Wasser gewisen/doch haben wir jhn zwo
Büchsen schencken müssen. Den 18. 19. biß zum 24. Ditto,
seind wir vmbgangen wasser zu holen/dann es mit vngelegen-
heit geschach/vnd musten gute wacht halten/das wir nit vberfallen würden.

Den 25. Septemb. haben wir vnsern ancker auffgehaben/
vnd seind wider gegen Ost nach Bantam gefahren.

Den 27. segelten wir nach dem Ort Ost dem Lande Iaua zu.

Den 28. seind wir allzeit neben dem Land Iaua Ost Nort
Ost zugefahren/ vmb mittag aber haben wir müssen vnsere ancker außwerffen/wegen der grossen Meerflüssen so in dem Streto, gewesen.

Den 30. seind wir wider fort gesegelt.

Im Octob. Den 1. Octob. kamen wir deß abend an ein grosse Insul/
3 meilen von der Statt Bantam gelegen/da wir/weylen allda
guter grund war/geanckert.

Den 2. Ditto, haben wir schreiben bekommen das vnsere
Leut am Land/von einander vnter den Edelleutē zertheilt/ vnd
vnsere wahren alle genommen/ vnd auch auß getheilt ware.

Den 3. 4. vnd 5. Ditto, da wir vns wider gar vnter die
Statt gelegt empfiengen wir schreiben das vnsere Leut durch
vnsere zukunfft widerumb besser gehalten/vnd verhefften man
solt sie/vnd ein summa Gelt ledig lassen. Die Iauaner liessen
vns

vns auch anzeigt/sie wolten einē von vnsern Leuten zu vns schi-
cken/mit dem vor behalten das er sich wider stellen solt/der solt
vns alle gelegenheit wie die sach: geschaffen waren anzeigen.

Den 6. Ditto, in der nacht ist einer von den vnsern an vnsere Schiffen kommen/der erzelete vns alles was sich verlauf-
fen/wie das sie/da sie die Statt beschossen/zertheilt vnd gefang-
en sind worden/vnd das die Jauaner jhnen hart troheten/also
das sie alle stund vermeinten vmbs leben gebracht zu werden/
die Jauaner hetten jhnen hart zugesetzt/sie solten jhren glauben
annemen/drauff sie alle geantwort/das sie lieber sterben wolten
als solches zu thun/vber das hetten sie drey von den vnsern/mit
gewalt auff jhre weise geschoren / vnnd waren die Portugaleser
darzu gelauffen/das man sie jhnen zukauffen geben solte / boten
groß Gelt dafür/vnd wolten sie nach Mallacca senden: Es war
aber/(sagt er vns) besser worden/vnnd waren wider alle frey gelassen also das sie gehen möchten wo sie wolten/vnd kein grösser
gefahr besorgten/allein das der Gubernator 3000. Realen von
achten/das seind 3200. für Ranzion oder loß Gelt begerte/ver-
hofften aber sie wolte es am 2000. Reale von achtē beschliessen.

Den 8. 9. vnd 10. Ditto, hat man stättig mit einander zu
accordirn gehandelt.

Den 11. Octob. ist der accord, also beschlessen worden/das Ranzion
wir jhnen 2000. acht doppelte Realen geben solten/ so wolten
sie vnsere Leut wider in die Schiff kommen lassen.

Vnd soll alles was wir genommen hetten vnser sein vnd
bleiben/dargegen solten wir alle die wahren/so sie allbereit ver-
partiert vnnd getheilt hetten/ so wol auch die schulden so man
vns zu thun war / verlieren/vnnd damit solt der fride gar be-
schlossen sein/vnd solten wir macht haben in der Statt widers-
umb zuhandelen vnnd zukauffen wie zuvern. Item sie solten
vns zu versicherung zween fürnehmen von den jhren zu Geissel in vnsere Schiffen stellen / vnnd als dann solten wir
F ij schuldig

schuldig sein 1000. doppelte Realen zu erlegen/ vnd sie als bald das halbe theil von vnsere Leut zu entledigen: Darnach solten wir jhnen die andere 1000. Realen bezalen/ so wolten sie vnsere andere Leut auch frey lassen/ vnd lancken auch jre *Geisel*. Welches alles beyder seyts wol gehalten/ vnd den 12. vnd 13. *Ditto*, verricht worden.

Denselben tag kamen viel Nachen an vnsern Schiff/ so vns Hünner/ Eyer/ vnd allerley Obß zukauff brachten.

Den 14. *Ditto*, haben wir in der Statt an denen so vns behülfflig gewesen/ zu danckbarkeit/ etliche geschencken auß getheilt.

Den 15. 16. 17. vnd 18. *Ditto*, sein von vnsern *Comissarien* am Land gewesen/ welche viel Pfeffer in der Statt gekaufft vnd zu Schiff gebracht haben.

Den 19. *October* seind wir widerumb in der Statt gewesen/ vnnd haben ein gut theil Pfeffer ein kaufft/ verhofften so wir täglich also solten fort gehen das wir bald vnser ladung haben solten. Aber das glück vnnd die Portugaleser seind vns zu wider gewesen/ dann sie so viel zu wegen gebracht/ das der *Gubernator* vns aufferlegt hat/ wir solten kein Pfeffer mehr kauffen wir hetten jhm dann 1400. acht dophelte Realen bezalt/ so wir jhm (wie er gesagt) schuldig waren/ wegen das wir auff seinen grund vnnd gebiet/ ohne sein erlaubnuß geanckert hetten. Drauff vnsere Obersten zu jhm gangen vnd mit jhm sich vertragen haben.

Da wir dann vermeint wider ein zu kauffen/ ließ er vns solches widerumb verbieten/ damit wir sehr von jhm betrogen worden.

Vnd da der *Gubernator* von den vnsern davon angesprochen ist worden/ das er seine zusagung nicht gehalten/ gab er zur antwort: Er hette kein Bein in seiner Zungen/ er kündte sagen was er wolte vnd dennoch anders thun/ vnd ob wol die *Iauaner, Chineser,*

Chineser, Araber, Machometaner, Ja auch (in der still) etliche Portugaleser/vil guts zu verkauffen vns pressentierten/haben wir doch für rahtsam gefunden/dieweilen es ohne sorge vnnd mühe nicht geschehen kondte/nichts mehr zu kauffen/vnd wann man die warheit von den Jauanischen sagen soll/so ist es ein betrieglich vnd trewloß Volck/so vil verheissen vnd wenig halten.

 Den 25. Octob. ist ein Portugalesischer gesandter von *Malacca* (so Portugesisch ist) zu dem *Gubernatore* zu *Bantam* kommen/der brachte jhm ein geschenck von 10. tausent acht doppelte Realen/so jm der *Gubernator* von *Malacca* gesandt/das er vns den handel allda verbieten solt: Der *Gubernator* (so ein geitziger Mann war) hat sie auch angenommen/von diesen allen seind wir von offt gedachten Herrn *Sabandar*, vnnd von anderen guten freunden gewarnet/vnnd liessen vns sagen/wir solten vns in der Statt nit finden lassen/wolten wir nit wider allda auffgehalten werden. Vnd wir zur selben zeit noch einer von den vnsern in der Statt war/muste er sich mit gefahr stille halten/vnnd brachten jhm vnser Haußherr/da wir vnser Herberg gehabt hetten (vnd vns sehr günstig war/bey nächtlicher weile vnter etliche decken verborgen/an vnser Schiff. Der zeigete vns auch an/wie das er mit seiner gesellschafft/2. Juncken oder Schiff so mit Muscat nuß vnd folio/geladen/vnnd von *Banda* kommend/nahend bey der Statt ligent hett/die er vns wolte verkauffen/mit der *Condition* das wir die holen solten als wann wir sie genommen: Seind also mit einander *accordirt*, vnd ist alle friede mit der Statt außgewesen.

Cap. XI.

DEn ersten *Nouemb.* seind wir mit vnsern Schiffen *in Nouember.* hart an der Statt gesegelt/die 2. Juncken zu holen/darauff wol 30. Leib engene Leut gewesen/so sich als-

F iij   bald

bald zu gegenwehre gestelt / dann sie nit wusten / das ihr Herr
mit vns verglichen war / davon als bald 4. oder 5. zu todt geschossen worden vnd seind die vbrige alle ins Meer gesprungen/
vnd nach der Statt geschwomen. Wir brachten die Juncken
alsbald bey vnsern Schiffen/vnd namen die wahren/ so darinn
gewesen zu vns.

    Das Portugesisch Schifflein so den gesandten von Ma-
lacca gen Bantam gebracht hette/lag hart an dem Land/darhin
schickten wir 2.von vnseren schlupen oder nachen/das sie es holen solten/die Portugaleser aber so darinn/schossen sehr dapffer
darauß/das vnser Nachen haben weichen müssen / vnd ist einer
von den vnsern allda todt geblieben/drauff als bald auß vnsern
Schiffen/ mit grossen geschütz auff das obgemelte Schyffkin/
geschossen worden / das wir das gar verderbt/ vnnd ihr Hauptman zu todt geschossen worden/wir haben solches erfahren von
denen so vns noch bißweilen etwas zu kauffen gebracht / sagten
auch daß wir 3. oder 4 Männer mit vnserm geschütz in der statt
zu todt geschossen hetten/ daß sie aber ein Armade zurüsteten/
darmit sie vns wolten angreiffen.

  Juncken
genommen.   Den 2 Nouemb haben wir ein Juncken oder schiff gesehen so nach Bantam zu segelte / drauff wir mit vnsern schluppen
oder Nachen gerudert / da wir nun nahe bey kamen / hetten sie
dicke decken wie schantzkleinder gespannet / dahinter sie sich ge-
halten/ vnser Leut haben mit jren Büchsen vnd mit stück so stein
vnd würffel schiessen/dapffer darein geschossen/vnd wehrete sie
sich/die so in der Juncken waren auch dapffer/ schossen auff vns
zu/ mit pflitzpfeilen / so sie durch jre Spiß so wie ein rohr / in so
grosse menge als wanns pflitzpfeil geregnet hette/ blasen/damit
sie von den vnsern 8 oder 9. männer verwundt/ solche pflitzpfeil
seind dünne vnd leicht/ also das sie nit durchgehen/ auff ein nacke-
ten Leib aber/ können sie 2. finger tieff darmit schiessen/ vnd ist die
spitzen/ so von rohr also gemacht/ das sie im Leib stecken bleibt.

                                             Des

Dessen abriß hie nach in der Figur Cap. XIII zusehen. Da dann die Leut gesehen/daß ir Wehr wenig geholffen/seind sie in iren Boot oder Nachen gesprungen/davon gerudert/und haben vns die Junck: oder Schiff/so mit gedürten Fischen vñ Reis geladen/gelassen: Darinnen wir irer 2. todt gefunden/vnd seind jhrer noch 3. in dem Boot geschossen worden/waren vberall 40. Männer starck.

Den 6. Dito, da wir gesehen das keine hoffnung verhanden mehr zu Bantam zu handeln/haben wir vnsere ancker auffgezogt/vnd seind nach dem Ost zu gesegelt.

Den 7. Ditto, kamen wir an einem fluß 6. Meilen von Bantam, da wir vns von Wasser providirt, vnd biß hieher seind vns noch kauffleut mit Porcellanen nach gefolgt/vnd sagten das viel Leut/wegen vnser wegreisen/betrübt waren vnnd sehr verlangten/das wir solten wider kommen.

Den 13 Dito, seind wir weiter gefahren vñ auff den abend Sunda Calapa. bey der Statt Sunda Calapa, so jetzt Iacatra genennt/ ankommen. Ioan Linschot vermeldt in seiner Schiffahrt/ das diß die fürnembste handel Statt von Iaua sey: Welches wol also gewesen/ ist aber durch vnglück oder vnordentliche regierung jetzt gar verfallen/vnd seind alle frembde kauffleut weggezogen.

Den 14. Nouemb. haben wir zwen von vnsern Männern nach der Statt zu gesandt/ wir hetten aber zwen ander dargegen zu pfandt oder Geisel: Die sagten vns das vil Volcks auß der statt mit jren gütern geflohen waren/so sich für vnser ankunfft vnd grossen Geschüz gefürcht. Es ist vns allhie allerley Proviant, vnd mehr als wir begerten/zu vnsern Schiffen zugefürt worden.

Den 18. Dito, seind wir widerumb fort gefahren/ vnnd ist das Schiff Amsterdam, vngefehr zwo Meil von der Stadt auff ein Felsen gefahren/ ist aber bald wider ohne grossen schaden dar ab kommen/vnd seind wir also ferner gesegelt.

Den

in December.
Iapara Mandalique Caioaom.
Cidalo.

Den 2. Decemb. seind wir neben drey Srätten/ so wir zu gleichem auff ein mal haben sehen können/gefahren (ich vermeine es sey Iapra, Mandalique vnd Caioaom gewesen) segelten ver Tuboam fürüber/vnd haben vns nider gelassen bey Cidalo.

Den 3. Dito, ist vil Volck auß der Statt kommen/so vns anzesagt wir solten da bleiben/dann es negel vnd Muscat nüß allda genug zu kauff hette/vnd brachten am Schiff Amsterdam, an dem sie meist ab vnnd angefahren/dieweilen es am nechsten dem Land gelegen/von ihren König/etlich Confecten.

Den 4. Dito, seind wir widerumb zu dem Schiff Amsterdam kommen/vnd brachten für ein geschenck/ein grossen Vogel/so fewr gefressen/vnd gar seltzam von gestalt war (so dem Graff Mauritio geschenckt worden vnd noch lebendig in Holland ist) vnnd etliche gut Obs: Vnd sagten vns für wir solten einen Mann an das Land/das gewürtz/so da in verfluß zu bekommen wer zubesichtigen abfertigen/also ist auß dem Schiff Amsterdam ein Mann mit einem Dolmetscher/so eines Portugalesers Leibeygen gewesen/ans Land gesandt/dargegen wir 3. oder 4. von den ihrigen zu Geissel in vnser Schiffen behalten. Nach dem vnser Leut an das Land kommen/hat man jhnen alles guts bewisen/vnnd 40. oder 50. ballen negel sehen lassen/ man hat sie auch vor den König gebracht/der jhnen vil guts zu gesagt/vnnd vermeldet er wol den andern tag selbst zu vnserm Schiffen mit vnsern Obersten zu Contractirn kommen/vnd ließ vnsere Leut wider nach den Schiffen führen.

Den 5 Dito, haben wir vnsere Schiff zierlich zugerüst/ alle vnser fahnen lassen fliegen/vnnd deß Königs zukunfft erwahrt/vngefehr vmb mittag/seind von Land 8. oder 9. zierliche grosse susten oder Schiff vol Volcks/nach vnsern Schiffen zu gefahren da sie aber vngefehr halben weg gewesen/haben sie sich zertheilt/vnd seind deren dreyen/dem Schiff Amsterdam zu gerudert, (Eemer von Hel Comissarius vnd Ian Schellinger Schiffs

Schiffman/vermeinten daß der König darinn war/haben sich
oben auff dem Schiff gehalten/ daß sie den König empfangen
möchten/ vnd seind die *Iauaner* wol 200. starck/in das Schiff
Amsterdam gestigen: deßhalben der *Comissarius Hel*, sagte:
was machen so vil Leut im Schiff/drauff ein jeder von den *Ia-
uanern* alsbald sein Chinesischen Dolchen (davon vorn ver-
melt) außgezogen/ vnd auff vnser volck zugestochen haben/ so
sie auffs wenigst solches nicht vorsehen/ vnd haben also in einer
kurtzen zeit /12. von vnsern Männern zu todt gestochen/ vnnd
zween so sich fast geweh:t/gar seh: verwundt/ vnser ander volck
so vnten im Schiff gewesen/ da sie solches gesehen/haben so dapffer mit Spissen von vnten auff/ durch die übernetzen gesto-
chen/ daß die *Iauaner* alda nit lenger bleiben kundten/ sie trachteten mit gewalt vnten inn das Schiff/ durch die Lucken (so
grosse thüren seind) deren zween offen gestanden/zu steigen/aber
vnsere leut haben den eingang mit blossen Cortelassen vn spiessen ritterlich verwahrt. Mitler zeit haben sie feur gemacht/ die
zündstrick angezündt/ vnd die grosse stück/ so mit steinen vnnd
würffel geladen/ feur geben/ damit sie bald die flucht genommen/
mehrertheils ins Meer gesprungen/ vnd jren Fusten oder schiffen zugeschwummen seind/ deren 2. Fusten nit weit von vnserm
Schiff lagen/ davon die eine mit eim grossen stück getroffen
worden.

*Hollender 12.
erschlagen.*

Vnsere andere Schiffen/ da sie das schiessen vnd getüm-
mel höreten/ seind sie alsbald in jren schlupen oder grossen Na-
chen/ mit jren Wehren gesprungen/ nach vns zu gerudert/ vnd
haben die dritte Fusten der Feinden/ darinn über die 100. män-
ner/ antroffen: drauff sie mit aller macht geschossen/ also daß
dise lose verähter alle ins Meer gesprungen/ vnnd trachteten
mit schwimmen darvon zukommen/ wir aber mit den 2. grossen Nachen/ folgeten jnt dapffer nach/ vñ haben darauff gehau-
en als auff vnsere rechte feinde/die vnter dem schein von friden/

G   vns

vns hetten wöllen/in vnsern eygnen Schiffen verrähterlich er-
mordten.

Es waren auch noch 3. andere von jren Justen/so vnser
Pinas oder Jagtschiff vermeindt haben zu vberfallen/welches
sie weilen drauff nur 7. oder 8. Männer gewesen/so im werck
waren einen newen mastkorb zumachen/leichtlich hetten thun
können/da sie aber gesehen/das jhre leut so dapffer ins Meer
sprangen/seind sie wider mit macht nach dem land gerudert/jre
andere vberige Justen seind von weiten ligen bliben/ sahen diß
spil an/vnd dörfften nit neher kommen.

erol 170 wil-
de erschlagen.
In Summa/wir haben sie also empfangen das jhrer
nit vber 30.von 200.so sie in den drey Justen gewesen/ans land
kommen seind/ wie wol wir auch ein vberauß grossen schaden
gelitten/12.von vnsern Männern also zu verlieren die alle also
bald stock todt gefallen seind/ vnnd waren mit namen *Ioan Jacobs* Schellinger Schiffmann/ *Renier* von *Hell Comissarius
Gillis Cillisen* Adel person/ *Barent Bonteboter*, *Arent Coren-
drager*, *Cornelis* von *Alcmar*, *Symon Ians Viltschur*, *Jost* der
zimmermann/ *Adrian* der *Metselar*, ein Portugalesischer leibs-
eygen/vnd zween Junge Knaben/so einer nicht vber 12. Jar alt
gewesen/drauß wol zu beschliessen/das diß ein mörderisch volck
gewesen/dann sie dise Knaben/wie auch den andern/mehr alß
zwölff Stich oder Wunden nach dem sie todt waren / geben
haben.

Cap. XII.

1596.
5. Decemb.
DEN 5.Decemb.deß nachts haben wir vnsere ancker
auffgehebt/vnd nach dem wir das Schiff *Amsterdam*
mit Volck versehen hetten/seind wir Ost zugesegelt.

Den 6.Ditto, seind wir gekommen bey einer grossen Insul
Insel Madura,genennt/da wir vns nider gelassen.

Des

Des abends seind zwey kleine Nachen an vnsere Schiffen kommen/brachten vns zeytung von jhren Obersten so vns vielguts ansagen ließ/vnd begerte(wie sie sagten) wir solten da bleiben/er wol vns Pfeffer zukauffen geben/ wir aber glaubeten es nicht.

Den 7. *Ditto*, kamen sie wider/mit etlichen früchten vnd Obs/ an vnsern Schiffen/ zeigten vns an/jhr Oberster wolte deß andern tags selbst zu vnsern Schiffen kommen.

Den 8. *Ditto*, kam ein groß seltzam Schiff/vnd drey kleine vol Volcks/vom Land zu vns gefahren/ vnnd ruderten ein kleins vorher/die vns sagten jr Oberster war da: Drauff man jhnen anzeigte/sie solten nicht zum Schiff *Amsterdam* sondern zu dem Schiff *Mauritio* fahren. Sie aber wolten nicht/ vnnd dachten die weilen so vil drauff todt/solt wenig Volck noch darinn sein/ruderten also dem Schiff *Amsterdam* zu/ da sie also vngefehr/ ein lenge Spieß weit vom Schiff waren/haben die vnsere (so von den vorigen noch verbittert waren) 3. oder 4. grosse stücken/ so mit würffel geladen drauff loß gebrennt/damit sie grossen schaden gethan/ vnd vil zu todt geschossen haben/ die andern sprungen ins Meer/den wir mit nachen nachgesetzt/ etliche zu todt geschlagen/vnnd 10. oder 12. davon (das wir den grund vnd vornehmen deß Obersten wissen mochten) gefangen genommen/kondten aber von jhnen nichts vernemen/ als das sie vns sagten jhr Oberster Bischoff so von *Mecha*, war auch mit in der Fusten gewesen/vnd todt geschossen worden/bey dem selben war ein kleinot gefunden / so noch verwahrt wirdt: Wir liessen sie also wider nach dem Land fahren/ behielten allein zween junge Knaben / so darnach auch von vns geschwummen seind/wir bekamen auch deß Obersten Sohn/ so noch gar klein war/den wir wider nach dem Land gesandt.

Auff den abend/ haben wir vnsere ancker auffgehebt vnnd seind davon gefahren.

iemmerliche that.

G ij Den

Den 11. Decemb, seind wir bey 2 kleinen Inseln / so von armen Vischern bewohnt / kommen / da wir vns nider gelassen vñ sie brachten vns Visch / Hünner / vñ ander früchten zukauffen.
Den 13. Ditto seind wir widerumb fort gesegelt.
Den 14. Ditto, bekamen wir ein VVest Wind so vns recht soll gedient haben nach den Inseln Molucas zu fahren / dann wir nur 200. Meilen davon waren / zu Bantam war vns gesagt das es jetzt ein gut Jar von negele allda gewesen war / vnnd das wir für ein rüstung in den Molucas, wol ein grosse kammer voll negelen hetten können bekommen.

Es ist von den Commissarijs vnnd andere vorgeschlagen worden / das wir solten dahin fahren / dieweilen wir aber so ein langwirigen schwere reyse gehabt / vnnd so schwach von Volck gewesen / Ist solche reyse von den meisten hauffen / weilen jeder widerumb nach Hauß verlangen hette / wider rahten worden.

Den 24. Ditto, da vns der Wind zu wider / seind wir an der Insel da wir zuvorn gewesen / widerumb ankommen.

Den 25. Ditto, ist der Ioan Mollenar, Schiffmann auff Mauritius Schiff gar plötzlich gestorben / also das er in einer stund gesund vnd todt war.

Den 28.29.30. vnd letzten Decemb. seind wir stäth vmbgangen / die wahren / vnnd alles was vns noch dienstlich sein möchte / von Schiff Amsterdam, auß zuladen / vnd lagen nahe bey der Insel / da täglich preuiand von Vischen / Hünnern / Hirschen fleisch / vnd allerley früchten vmb ein rechtes Gelt / genug zu bekommen: Allein war kein Wasser da für vns.

1597. *im Ianuario.* *Schiff Amsterdam verbrent.*

Den 11. Ianuary da wir alle sachen auß dem Schiff Amsterdam außgeladen / vnd das Volck in vnsern ander Schiffen außgetheilet hetten / haben wir das Fewer darein gesteckt vnd gar verbrennen lassen.

Solches ist zwischen der Insul Madura vnnd Iava geschehen / wie in der hie nebeuligende Charta von Iona, zusehen.

Den

Den 12. Ditto, seind wir widerumb ferner gesegelt/es war aber ein zwispalt vnter vns/dann der eine wolte gegen VVest der ander wolt Ost, zufahren. Dann wir mit vnsern Schiffen seind VVest zu gesegelt/das wir neben Bantam widerumb solten fahren/das Schiff Mauritius aber ist Sud Ost, das er die Insel Iaua vmb soll fahren/zugesegelt/vnnd seind wir jhm endlich auch gefolgt.

Den 14. Ianuary, haben wir widerumb die Ost seyten der Jnsul Madura, gesehen/vnd seind darnach durch vil kleine Jnseln Sud zugefahren. — y. Madara.

Den 16. Ditto, ist vnser Pinas oder Jagtschiff/in der morgenstund an der Jnsul Iaua nicht weyt von Panareca. auff dem grund gefahren/erschoß als bald 3. schüß loß/darauff wir vnd Maurity Volck jhm mit Boot oder Nachen zugefahren seind/vnd haben jn (mit Gottes hülff) wider davon geholffen. Allhie haben wir ein hohen Berg gesehen/so gebrennt/vnd war eben vnd vnten dem fewer ein gewaltiger rauch seltzam zusehen. — Panareca. Berg so brent.

Den 18. Ditto, seind wir gekommen in das enge Meer zwischen Iaua vnd der Jnsul Baly oder Galle haben allda wegen den widerwertigen fluß deß Meers/vnnd das bey Iaua, guten grund hette/vnser ancker außwerffen müssen. — y. Galle.

Den 19 Ianuary, seind wir fort gefahren/kamen aber bey Baly in einem gewaltigen fluß deß Meers/so vnsere Schiff zu rücke/wie einem pfeil geführet hat/vnnd war allda kein grund das man anckern kondte/auch hetten es kein ancker halten können: Das Schiff Mauritius gewan die grentzen Iaua, da er ancker außgeworffen/da wir auch zu letzte doch wol 3. Meil darvon/so wir in ein halbe stund gefahren angelandt.

Den 20. Ditto, seind wir widerumb zu den andern Schiffen kommen.

Den 21. Ditto, seind 2. Barcken oder Nachen von Land an das Schiff Mauritio kommen/darinn einer war/so gut

G iij   Portuga-

Ballambram.

Portugalesisch geredt/der erzelete vns das die Statt *Ballaboam* oder *Ballambram* von einem fremden König auß *Iaua* belegert war/der deß Königs von *Ballambra* Tochter zur Ehe genommen/beschlaffen/vnd darnach hette vmbringen lassen/vnd vber das wer er kommen/vnd hette jren Vatter belägert.

Die Statt *Ballambram* ligt an der Sud Ost.seyten/der Insul *Iaua*,alda der Thomas Candisch Engeländer/da er Anno 1588. die gantze Welt vmbfahren/angelendt hatte/vnd war der alte König/so der Candisch gedenckt. noch im leben/vnnd wol 160. Jahr alt/ Alda seind gewaltig vil Fledermäuß/so groß als Kracn/so sie/wie sie vns sagten/essen.

Gegen Mittag seind wir so nahe der Statt *Ballambram* kommen/daß wir die haben sehen können/da wir vns hinder einen hohen Eck gelegt/vnd wasser suchten.

Den 22. *Ditto*, seind wir mit vnserm Pinas oder Jagtschiff herumb gefahren/süß wasser zu suchen/kondten aber keins finden. Der Fluß so durch die *Ballambram* laufft/ hetten die/so die Statt belägert/neben dem Meer zugeyfällt/also daß man nicht darein kondte.

Ditto,seind an vnser Schiffen/von wegen deß belägerten Königs/2.oder 3. Männer gekommen/welche deß nachts auß der Statt gefallen waren/ ließ vns vmb hülff anzuchen/daß wir mit vnserm Geschütz vnter seine Feinde schiessen wolten/solches haben wir aber nit thun sollen/dieweilen es alda vil truckene sandquellen hett/vnd nit recht zufahren kondten. Sie sagten vns daß in der Statt gresser mangel von Prouiand/ vnnd grosse menge von hunger gesto. ben war/baten vns fleissig vm hülff/es kondte aber nit geschehe/Nachmals haben wir gehört/daß der König so die Stat belägert/Machometisch wer/die in der statt aber waren noch Heyden/so nech den Mechemetischen glauben nit angenommen welches die vrsache jres Kriegs war.

Sterchen.

Alda haben wir grosse menge van Sterchen gesehen/ so

52

wir vermeinten/ ob man wol in vnserm Land nicht weiß wo sie hinkommen/ daß sie sich hie deß Winters auffhalten/ dann es vmb dise zeit recht Winter in vnserm Land war.

Den 24. Ianuarij, seind wir widerumb von dannen gesegelt/dieweilen alda nichts für vns zu finden/vnd namen vnsern strich gerad auff die Jnsel Bally oder Galle zu.   ʃ Galle.

Den 25. Ditto, kamen wir an die Jnsel/ vnd ist an vnsern Schiffen ein Barca gerudert/ so vns sagten/daß süß wasser vnd all ander dingen/ alda genug zubekommen war/ haben vns also da nider gelassen.

Den 26. Ditto, ist vnser Pinas mit eim grossen Nachen/ den fluß zu suchen/ herumb gefahren/ vnd ist einer von vnsern Leuten vom Land kommen so alles besichtiget/ da er aber wider kam/sagte er daß alda nichts zum besten/vnd wol 10000 männer gelägert lagen/ so nach der Statt Ballambram, die zuentsetzen zogen. Diser Krieg Oberster vermeinte wol grosse geschencken von vns zubekommen/ dieweilen aber der Fluß alda auch nit gut war/ seind vnsere Leut wider zu den Schiffen kommen.

Cap. XIII.

Den 27. Ianuarij, seind wir abermal fort gefahren/vnd   1597. suchten her vmb gelegenheit von süß wasser vnd ander   in Ianuario. Prouiant/ dann wir in vnserm Schiff ein Mann von Bengala, so mit seinem freyen willen mit vns gefahren hetten/ Diser war noch zu Bally gewesen/ vnd sagte daß alda gut wasser vnd andere Prouiand genug zubekommen wer. Deß nachts haben wir vns neben einer höhe an der Sud West seiten/ der Jnsel Bally nider gelassen.

Den 28. Ditto, kam an vnsere Schiffen ein Nachen mit 6 oder 7. Männer/ so von jrem König gesandt/ der ließ vns fragen/ von wannen wir kämen/ wir antworten auß Holland/ so sagten sie/ er begerte mit vns zu handeln.

Den

Den 29. vnd 30. Ditto, schickte vns der König ein theil frucht / mit seinen Leuten / wir spürreten aber wol/das allda die rechte gelegenheit nit war/dann sie von weyten gerudert kamen so wuste vnser Mann von *Bengala* auch wenig bescheyd.

in Februario. Den 1. *Februarij*, bekamen wir zwey Schwein / für ein gülden thaler das stück/so wir als bald gekocht vnnd mit guten lust gessen.

Den 2. Ditto, seind wir fort gefahren vnd wolten die höhe vmbsegeln: Wir kondten aber wegen deß widerwertigen winds die nicht erlangen / vnd musten wider zu rück.

Den 3. Ditto, versuchten wir widerumb die höhe vmb zu fahren/wir erlitten aber ein grossen strom/ kondten nicht darzu kommen/vnd musten widerumb zu rücke. Das Schiff *Mauritius* aber vnd vnser Pinas/kamen dahin/ob es wol nicht vber auß grosser gefahr geschahe: Der steuermann (das ist der das ruder regiert) hette vmb acht gülden thaler geweth/ das er das Schiff darüber bringen soll/vnd wolt also mit gewalt darüber/ mit grossen gefahr/neben dem Felßen dahin.

Also blieben wir da mit vnser Schiff gar allein.

Den 4. vnd 5. Ditto, trachteten wir abermal darhin zu segeln/wir musten aber allemal zu rücke.

Den 6. Ditto, bekamen wir ein schreiben/ von einem von vnsern Leute mit namen Rodenburg/ so vmb die höhe *Mauritio* gefahren war / er aber war mit ein Portugesischer Leibeygner/am Land zu Geissel gesandt / so hetten ihm die einwohner/ wider seinen willen/wider zu rücke geführt/ nit weyt von vnsern Schiff/der schreib vns / das das Schiff *Mauritius* wol 7. oder 8. Meilen vmb die höhe gefahren war/vnd das er vber Land da kommen war/vermeldet aber nicht wie oder wohin / deßhalben als bald von vns ein Mann/ mit etliche kleine geschencken für den König / ans Land gesandtet worden: Das er sich aller gelegenheit solte erkündigen.

Den

Den 7. Ditto, kam vnſer Mann wider vnnd ſagt vns wie der Rotenburger da kommen war.

Den 8. Ditto, iſt derſelbe Mann/abermals ans Land geſandt/mit einer Büchſen vnd etwas von Sammet/den König zu verehren/ vnd ſeine gunſte zu erlangen/ ſolches den König gar wolgefallen/vnd ließ vns ſagen. Wir ſolten mit dem ſchiff neher der Statt kommen/ er woll vns Waſſer/vnnd was wir bedürfften/voll auff zu führen laſſen.

Den 9. Ditto, ſeind wir in ein golfo / nahe bey dem Land vngefehr ein halbe Meile/gefahren: Da wir vns nider gelaſſen/ allda ober die 70. kleine Nachen vns allerley zugeführt vnnd vns zuſehen dahin kommen ſeind/ der König ließ vns ſagen er hette luſt ein ſchuß oder etliche von groſſen Geſchütz zuſehen/ſo haben wir jhm zugefallen/ 5. von vnſern gröſten ſtücken Fewer gegeben: Welches der König ſo am Vfer/auff ſeinem Wagen war/angeſehen hat. Gelegenheit der Inſel Bally oder Galle.

Die Inſul Bally (oder Galle, wie ich vermeine) iſt gelegen/ an der Oſt ſeyten oder gegen Morgen von der Inſul Iaua, iſt fruchtbar von Reis/Hünner/ Schweinen ſo obermaſſen gut ſein/vnd von allen anderen Viech/ ſo doch gemeinglich mager vnd dürre. Sie haben oberauß viel Pferd/ die einwohner ſeind Heyden/ohn alle Geſetz oder glauben/der eine anbettet die Sonne/der ander ein Kuhe/ vnd jeder was jhm gefellig. Wir haben Leut von dieſer Inſul in vnſern Schiff gehabt/ ſo vns für die Waarheit geſagt/das wann ein fürnehmer Mann allda ſtirbt/ das ſich wol 50. Weibern/ ſeinent halben verbrennen lieſſen/ vnnd welche ſolches nicht thun will/ die wird von allen anderen vnerbar gehalten vnnd veracht/ dann ſie es faſt alle thun ohne widerſprechen.

Die kleidungen ſo wol der Männer als Weiber / ſein bey nach wie zu Bantam. Ihre wehre iſt jeder ein Chineſiſch Dolchen oder Cris am Leib zu der lincken/ vnd in der Hand ein ſpieß von

J. Galle oder Baly.

95

von anderthalb klaffter lang / so inwendig wie ein rohr / dardurch sie kleine pflitzpfeil / deren sie zur rechten ein suderal voll / auff der seiten haben / durchblasen / vnd seind die spitzen von rohr holtz oder von lauter Gold / Diß ist ein gar böß gewehr für nackete Leut / sie seind den Machometanern vnd Portugaleser gewaltig feind. Dise Jnsul hat von sich selbst kein gewärtz / sondern wol allerley Prouiand ein vberfluß / vnd kleider so sie vmb den leib tragen / handeln auch vil mit leibeygnen leuten / so sie ein den andern verkauffen. Der König hat sich stattlicher gehalten / als der *Gubernator* von *Bantam*, dann da er am Vfer bey vnsern Schiffen war / saß er auff einem köstlichen Wagen / so von 2. weissen Büffeln fortgezogen wurden / seine Guardia hette jeder ein Cris oder Dolche / vnd ein Spieß wie gesagt / dessen spitzen von lauter Gold war.

König zu der
y Galle.

Belanget daß sich die Weiber verbrennen wann jhre männer gestorben seind / solches bezeugen viel glaubwirdige scribenten / Casparo Balbi, so selbst auch in India gewesen / schreibt: Daß solches in Königreich Cambaya gebreuchlich vñ das er solches zu Negapatan selbst / mit seinē augen gesehen hab. Linschotin seiner Schiffart / schreibt / daß solches in India, vnter den Bramanas daß seind jre priester / vnter den Edelleuten vnnd etlichen Kauffleuten in gebrauch ist / Vnd daß solches herkomen (wie die Jndianer jn gesagt) sey / daß vorzeiten die weiberalda / so sehr zur vnzucht geneigt / jrn Herrn oder männer pflegtē mit gifft vmbzubringen / auff daß sie möchten einen andern nemen / vnd da jnen derselbig auch nit gefällig / haben sie jm gleicher massen vortgeholffen / also daß auff eine zeit der König zu Cambaya, von seinem fürnemē Herrn / Obersten vnd Kriegsleutē gar also beraubt ist worden. Deßhalben er dises gesetz vñ ordnung gemacht / daß wēn der mañ stirbt / vnd

nel suo Viaggio. cap. 18.
idem cap. 30.

Dieser König, so im Februario An° 1597. Zů der Holländer Schuff kommen, welche auff sein begeren 5 grosse Stück geschütz, abgeschossen, Satze auff einem Wagen, daran 2 weisse Büffel, die in zogen, Seine Quardi hett ein Jder. ein Chinesischen dolchen und ein Spies wie ein rohr. als hie bey A. zu sehen dardurch sie pflitzpfeilein die sie in Köchern tragen, so hie mit B. und C. verzeychnet) blassen oder schiessen. Sindt Heydnisches glaubens, einer bettet an die Sonne, der ander ein Küe. et Wan ein Man gestorben, so wirdt sein leib verbrant, dan springt sein weib freywillig auch ins feur, und wird mit verbrent. Bei diesem König seind 2 Holländer freywillig geblieben. etc :•

vnnd nach jhrer weyse/ zu aschen verbrannt wird/ so wil
man/ daß Weib sol beweysen/ sie habe kein schulde an seinem todt/ legt all ihre beste kleider an/ wird mit pfeiffen
vnd seittenspiel/ zum fewer/ von jhren nechsten freunde
geführt/ vnd wirfft sich freywillig darein: drauff die vm-
stehenden Weiber/ allerley wolriechendt holtz vnd köstlich Oel/ werffen/ vnd wird also auch zu aschen verbrant.
Da aber eine solches nit thun wolte/ wirt jhr das haar ab-
geschnitten/ von allen kleihötern beraubt/ vñ von jederme-
niglich veracht. Was jhre Wehre belangt/ haben wir
vorn Cap. 8. von jhren Cris oder Chinesisch Dolchen gesagt: Jhre Spieß (davon auch vorn cap. 11. gemelt)so
inwendig durch bort wie ein rohr/ dadurch sie die kleinen
pflitzpfeyl schiessen/ deren ist auch eine hie zu Nürnberg:
Daß eysen aber ist nur mit holtzenem reifflein doch gar
behendig/ daran gebunden: Wie dise figur bey A. außweiset: also das es nicht hindert daß das pflitzpfeilen darauß geblasen wird/ die pfeilen aber deren auch alhie viel
vorhanden/ seind vngefehr anderthalbe spannen langk:
gar von leichten holtz/ vnnd in der form wie in der figur
bey B. zusehen/ daß spitzlein deren etliche von rohrholtz
etliche von metal/ seind mit häcklein/ also das wo sie in
leib geschossen/ darin steckendt bleiben. Solchen pflitzpfeilen haben sie in ein fudral alzeit 25 oder 30 vorhande:
dasselbe fudral (wie auch eins alhie)ist nur ein rohr auß
einem stuck/ daran ein holtzener hacken/ gar drollig/ mit
holtzenen reifflein/ angebunden/ mit welchem hacken/
sie es auff jhrer rechten seiten anhencken/ steht in der figur
bey C.

Cap.

Cap. XIIII.

1597. in Februario.

DEN 10. Februarij, bekamen wir schreiben von Capiten Houtman, das wir solten zu jhm kommen/dann sie gute gelegenheit von Wasser vnnd ein orth/da von allen genug zubekommen/gefunden hetten/also liessen wir 2. von vnseren Leuten/vnd ein Leibeygner Portugaleser alita das sie vber Land/wie vns der König zusagte reysen solten/wie solches auch geschehen. Wir aber kondten den abend vber die höhe deß eckets nicht kommen/ob wir wol vnser Jagtschiff so vns hat holen wöllen/gesehen.

Den 16. Ditto, seind wir zu dem Schiff Mauritio kommen/welches sich allbreit mit Wasser vnnd mit vberauß viel Viech/prouiandirt hette: Deßhalben wir vns nicht lange gesäumet Wasser in vnsere Feßer/ so sehr verderbt waren/ zu fassen.

Den 17. Ditto, kamen vnsere Leut / so vber Land gereist/ zu vnsern Schiffen/ vnnd haben wir grosse menge von allerley Viech/frucht vnd Obs eingekaufft.

Den 18. 19. 20. vnd 21. Dito, seind wir stättig im Werck gewesen/vns von allerley zu prouiandirn/dann der König selbst vns einen von seinen Obersten zugestellt hett / der mit vnsern Leuten vber Land gekommen/so vns hierinn behülfflig gewesen/ dann er sehr begierig war/von vns etwas seltzams vnd saubers zu bekommen.

Den 22. Februarij, seind 2. von vnsern Leuten auß dem Schiff Mauritio, mit namen Emanuel Rotenburg von Amsterdam vnd Iacob Guyper von delffs auff dem Land geblieben/wir vermeinen das jhnen etwann grosse zusagung von König/das sie bey jm bleibē wolten/gethan sey. Dann wie wir vermerckten/ war der König begierig villerley frembde Nationen bey jhm zu haben. Darinn sie beyde villeicht wegen jhrer Jugend/nicht wol bedacht seind gewesen/sich vnter solche Leut niber zulassen/die weder von Gott/oder seine Gesetz/wissen/2.oder 3. Tagen darnach schickten sie/vmb jhre Kleider/man hat jnen aber nichts folgen lassen.

Den 23.24. vnnd 25. Ditto, haben wir am Land so viel Schwanen geholt/als wir täglich bedürfft.

Den 25. Ditto, haben wir vnsere anckern auffgehaben/ der meinung wir wolten darvon fahren/ es ist aber gar stille Wetter worden/also das wir seind wider ligend geblieben.

Den 26. Ditto, seind wir davon gesegelt / haben vnsere 2. Männer allda am Land gelassen/vnnd seind VVest, Sud VVest, zugefahren. *Hollendern vviderkunfft.*

Den 1. Martÿ, ist es noch jmmerzu stille Wetter gewesen. *in Martio.*

Den 3. Dito, bekamen wir guten Wind auß dem *Sud Ost*, vnd seind VVest, Sud VVest, zugesegelt.

Den 14. Ditto, seind wir mit demselbt Wind/so auch biß weilen Ost, biß weilen Sud Ost, gewesen/dapffer fort gefahren/befunden vns im 14. grad: *ad Meridion*, darauß zuschliessen das die Insul *Iaua*, sich nach dem mittag nicht so weit erstreckt/ alß sie in den Meer Carten verzeichnet / sonst hetten wir vber das Land segeln müssen.

Den 22. seind wir mit dem selben Wind gefahren / haben des *Poli* höhe auff 19. grad gefunden/vnnd seind VVest, Sud VVest, zugefahren.

Den 19. *April*, ist in vnsern Schiffen das letzte Brodt außgetheilt worden/so mehr als 2. Jar alt war / vnd bekam jeder für sein theil/ 7. pfund schwer/gut vnd böß. Haben vns jetzt fort an mit Reis in Wasser gesotten/behelffen müssen. Darzu hette eder täglich ein kruze Wasser / vnnd drey musgens / ist vngefehr ⅓ von einer Nürnberger maß Wein/vnd alle wochen drey solche mäßlein Oel/so nicht gar köstlich war.

Den 20 vnd 21. Ditto, ist es gar still gewesen.

Den 23. Ditto, hat vns ein *Sud VVest* Wind besser fort geholffen.

H iij   Den

AEthiopia.

Den 24. Ditto, sahen wir AEthiopiam in Africa, auff den 33. grad/ ad Meridiem, war vngefehr 100. Meilen von Cap. Bonæ spei, da wir noch wol 300. Meil meinten davon zu sein/ also daß vns Gott wunderbarlich bewahrt/ dann so wir bey nächtlicher weile da kommen weren/ solten wir mit vollen segeln auffs Land gefahren sein.

Nach Mittag bekamen wir ein VVest wind.

Den 25. Ditto, war es gar stille/ ob wol das Meer gewaltige hohe wellen gemacht / Deß abendts bekomen wir ein guten wind von Nort vnd Nort Ost, haben doch wenig segel dörffen auffziehen/ ob wol vnsere zwey andere Schiffen auch wol zwo Meilen vor vns waren/ seind die gantze Nacht allein mit dem vordern segel/ Sud VVest, zum VVest zugefahren.

Den 26. April/ haben wir deß morgens keines von vnsern Schiffen sehen können/ welches vns alle sehr betrübt/ weilen vnser Schiff gar schwach/ vnnd wie es durch die gewaltigen Wellen deß Meers auff vnd nider getrieben worden/ seind die Balcken gewichen/ vnnd die fugen auff vnd zu gangen/ hetten auch vil Wasser im Schiff/ darnach erhub sich ein Nort VVest wind/ so haben wir das groß segel auffgespannet/ vnnd seind nach dem VVest, Sud VVest, gesegelt.

Deß Mittags hetten wir ein VVest wind/ mit Vngewitter/ also daß beynach alle vnsere segel zerrissen worden/ vnnd seind also ohne segel fortgetrieben.

Den 27. Ditto, seind wir noch also ohne segel getrieben/ mit einem VVest wind/ vermerckten die höhe von 36. grad/ ad Meridiem, also daß wir befunden/ daß die Wellen vns sehr nach dem Sud, vnd Sud VVest, getrieben hetten.

Den 28. Ditto, seind wir gleicher gestalt ohne segel gefahren/ befunden die höhe 36. grad/ 20 minuten.

Gegen Abend haben wir widerumb etliche segeln auffgezogen/

zogen/der wind war VVest, SudVVest,vnd seind wir mit gewaltigen hohen vnd tieffen Wellen/ Nort VVest,zugefahren.

Den 29. Ditto, haben wir noch nichts von vnsern schiffen vernemen können/der Wind war VVest.

Den 30. hetten wir schön Wetter/mit ein VVest, vnnd VVest, SudVVest, Wind/sahen viel grosse Vögel/mit weissen schnebeln/ welches vns getrost / das wir nit weit von C. Bona spei weren.

Cap. XV.

Den 1. Mayo hat ein Sudwind gewehet/ vnnd war schön Wetter/befunden die höhe auff 34½ grad vnnd seind VVest SudVVest zugesegelt.   1597. in Mayo.

Den 2. Ditto, befunden wir 35½ grad namen vnsern weg auff VVest vnd VVest, zum Nort.

Den 4. Ditto, die höhe 37. grad befunden/hetten Sud Sud Ost Wind seind VVest Nort vvest zugefahren.

Den 5 vnd 6 hetten wir einerley Wind/vnd da wir zu mittag bey der Sonnen die höhe observierten/befunden wir 35. grad: Das wir beschlossen/das wir dem B.Cap. spes fürvber waren/ seind also gar allein Nort, vvest, nach der Jnsul S. Helena, zugefahren : Dann wir von vnsern Schiffen gar verlassen waren.   C. Bona Spei.

Den 8. Ditto, war ein Sud Wind/ seind Nort vvest zum vvest zu gesegelt.

Den 9. Ditto, wurd es gar still Wetter/mit einem dunckeln lufft/befunden die höhe 31. grad 2. M. den tag ist vnser portion von Oel ein mäßlein in einer wochen gemehrt worden.

Den 10. Ditto, hetten wir noch durchauß Sudwind/vnd die höhe 29. grad.

Den

Den 14. Ditto, haben wir drey oder vier mal den den Trombos wie bey C. Bonæ Spei, gemeinlich ins Meer gefunden worden/ allhie mit grösser verwunderung gesehen/ daß die Portugaleser schreiben/ das sie nur 30 meil von den C. Bonæ Spei gefunden werden/ vnnd wir schatzeten vns ober 200. meilen von von den Cap. Bonæ Spei.

Den 15. Mayo, hetten wir noch allzeit ein Sud Ost Wind/ vnd seind Nort VVest zugeschifft.

Den 16. Ditto, nach dem morgen essen/ sahen wir zwey Schiff/ darüber wir vns erfrewdt/ vermeineten das es vnser Gesellschafft wer/ da nun das kleinste so nahe war das ein Feldgeschütz erreichen möcht/ ist es doch also bald seinen Gesellen zu gefahren/ vnd ob wir wol freund zeichen angezeigt/ der hoffnung sie solten vns ansprechen/ seind sie Nort Ost zu/ von vns gefahren/ da spüreten wir/ das es Frantzosen gewesen/ vnd haben sich für vns gefürchtet.

Den mittag seind wir der höhe von 22. grad. 50. M. gewesen/ hetten einem Sud Ost Wind/ vnnd seind Nort VVest zu kommen.

Den 17. Ditto, befunden wir vns auff 21. grad. hëfe.

Den 18. Ditto, war der Wind allzeit Sud, vnnd befunden wir 19⅓ grad.

Den 19 vnnd 20. haben wir stille Wetter gehabt/ mit ein Sud Wind.

Den 2. Ditto, war der Wind Sud VVest, vnnd seind Nort VVest zugefahren/ befunden vns vnter den 17⅓ grad.

Allhie haben wir erfahren das der Compast/ von den rechten Nort ⅔ von einen strich nach dem Ost gewichen ist.

(Welches grath 7½ grad. sein soll/ vnnd ist zu vermuten das zur selben zeyt diß Schiff vngefehr in dem 25. grad Longitudinis, welches eben mit dem Meridiano von Niderland zutrifft gewesen.)

Nach

Nach mittag hat ein *Sud Oſt*, Wind gewehet/ vnnd ſeind wir *VVeſt Nort VVeſt*, zugefahren.

Den 22. *Mayo*, mit demſelben Wind befunden wir vns vnter dem 16 grad 40. *M.*

Den 23. *Ditto*, dieweilen der Himmel mit wolcken verdeckt/ haben wir keine höhe obſeruiern können: Doch vermerckten wir wol/ das wir vngeſehrlich in der höhe oder *Paralell*, der Inſul *S. Helena* waren/ deßhalben wir *VVeſt* zum *Sud*, in der höhe zu bleiben/ zugefahren ſeind. Vnd haben vnſere Compaß beynach ein ſtriche vom *Nort* nach *Oſt* abgewichen. Ein ſtrich iſt 11½ grad/ drauß zubeſchlieſſen/ das das ſchiff neher *Africa* als der Inſul *S. Helena*, vnd vngefehr bey dem 40. grad *Longitudinis* geweſen ſey / welcher grad eben mit dem *Meridiano* von *Secilien, Neapolis* vnd *Prag* / einfellet / vnnd trifft ſolche abweichung / mit der *obſeruation* Hartmani, von 10 grad 15. *M.* allhie zu Nürnberg vor 60. Jahr gethan / ſo alle Compaſtmacher allhie noch folgen/ wol vber ein.

Deß abends befunden wir durch den *Cruſera*, (das iſt die newe *Conſtellation* wie ein Creutz/ nicht weit von *Pollo Antarctico*, ſo dem alten vnbekannt geweſen) das wir vnter dem 16. grad. *Eleuati: Merid:* geweſen.

Den 24. *Mayo*, haben wir deß morgens ein Portugaleſiſch groß Schiff geſehen/ welches als bald ſeine friedfahnen auffgeſteckt/ dieweilen aber vnſer fridfahnen nicht ſo bald fertig war/ vnnd wir in dem fortheil des Winds waren/ ſchoß er als bald zween ſchüß nach vns/ vnd ließ ein blutfahnen/ auff ſeinem höchſten maſtbaum fliegen: Wir haben alsbald fünff oder ſechs ſchüs wider nach ihm geſcheſſen/ vnnd ſeind wir vnſer ſtriche *VVeſt*, zum *Sud* zugefahren/ die Inſul *S. Helena* zu ſuchen/ nach welchen diß Portugaleſer Schiff auch ſein weg gehabt.

Den 25. *Ditto*, haben wir deß morgens die Inſel *S. Helena* geſehen/

J. S. Helena.

geſehen/dann von wegen das es ein hoch Land iſt/leſt ſich wol
14 oder 15. meil weit ins Meer ſehen/wir kondtē das Portugale-
ſers Schiff hinder vns auch ſehen/ſeind aber mit eim Sud oſt
wind/ſtarck vorn geſegelt vn̄ kamē nach mittagnah bey der Jn-
ſel/da wir aber den nort VVeſt Eck et vmbgefahren/lagen allda
noch drey groſſe Portugaleſiſche Schiff/davon wir kein halbe
meil wegs weit geweſen/deßhalben wir als bald nach nort oſt
vns wider ins Meer begeben.

 Da die Schiffen vns geſpůrt/hat der Admiral als bald
loß gebrennt/ſein Volck ſo am Land war/ in die Schiffen zu
ruffen.

 Die Jnſul S. Helena, iſt alſo genennt/dieweil ſie auff
S. Helena tag/ſo den 21. Maio gemeinglich kompt/erfun-
den. Jſt alſo noch vnbewohnt/hat vngefehr. 6. Meilen
im vmbkreis/ ligt vnter dem 16 ½ grad Laticud: Meridion:
5 10. Meil von Braſilia, vnnd 350. Meil von Africa, Jſt
hoch vnd gebirgig. Da die Portugaleſer erſt allda kommen ſeynd/wär ſie gar vnfruchtbar/vnnd waren allda
keine Thieren/ ſondern allein ſůs waſſer/ ſo überaus gut
iſt/ welches von den hohen Bergen/ neben dem Kirchlein herab fleuſt/vnd ins Meer felt.

 Diſe Jnſul mus von den Portugaleſern vor vngefehr
90. oder 100. Jahr gefunden ſein worden: Dann der Ioan
Hugo Linſchot ſchreibt/ das er allda Namen in den Fey-
genbäumen geſchnitten/ mit dem dato von 1510. vnnd
1515. geſehen habe/ davon ieder Buchſtaben ein ſpanne
lang geweſen/ So ſeynd doch die Feygenbaumen erſt
allda ſeyder die Portugaleſer die Jnſel erfunden/ ge-
pflantzt worden. Wie dann auch alle andere Obebaum-
men/ als von Granatapffel/ Limonien/ Pomerantzen/
etc. ſo da in groſſen überflus ſeind. Die Portugaleſer haben auch allda allerley Thieren eingeſetzt/ ſo ſich gewaltig gemehret/als Schwein/ Geis/Hirſch/auch Feldhün-
ner/

*in ſein Itiner
lib. 1. Cap. 94.*

DIE INSEL S. HELENA

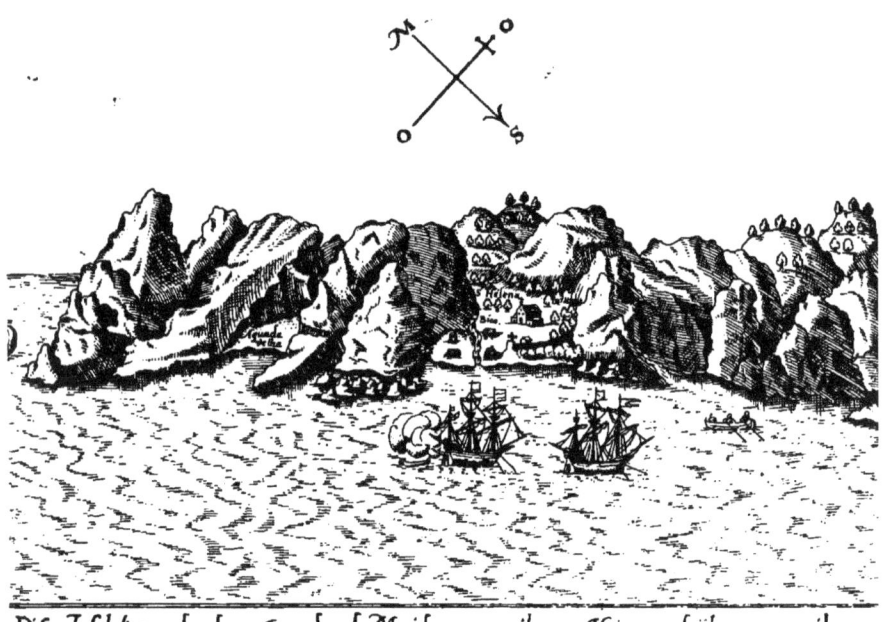

Diße Inßel ligt vnder dem 16. grad. ad Merid: 350 meil von Africa, vnd vber 500 meil von Braſilia. Iſt vnbewont, doch iſt ein Capelen alda, da die ſchiff (ſo ferlich aus India Kommen vnd waſſer alda nemen) ein Proceſſion, Beichte, vnd das Sacrament halten: Es ſindt alda Pomantzen, Citronen, Granaten, Feygen, auch Hirſchen Geys, Schwein etc in groſem überflus. Iſt für ungefehr 100. Jahr gefunden, dan alda namen in die baumen geſchniten ſeind, mit dem dato von 1510. Iſt ein Zuflucht aller vermüithen ſchyffen etc

ner/Dauben/ꝛc. hat auch Salz vnd Schweffel/ vnd ne=
hen bey der Jnsel gewaltig vil Fisch/ also das es ein wun=
derwerck vnd grosse gnade Gottes ist/ das dise Jnsul/ so
seines gleichen nit hat/ allda in dem grossen weiten Meer/
als ein zuflucht aller Schiffen vnnd krancken Leut/ also
allein gelegen sey. Dann alle Portugalesische Schiffen/
deren järlich aus Jndia von Goa vnd Cochin bey Calecut/
5. oder 6. nach Portugal fahren/ in diser Jnsul anlenden/
vnd bis den 25. Maio einer den andern erwarten/ laden
allda süs wasser ein/ waschen vnd reinigen ihr Leinwath
vnd Kleider/ vnd ist das Obs vnnd Wild gar gemein/
deshalben so bald die Schiff daran kommen/ machet ie=
der seine Hütten/ wohin er wil/ versicht sich mit Wilpret
mit Vischen/ Obs/ Holtz/ etc. vnd ist es alsdann wie ein
Leger an disem ort/ dann die Jnsel gar vnbewohnt/ vnd
ohne Heuser/ allein das ein klein Kirchlein allda ist/ da
die Schiffen gemeinglich ein allgemeine Beicht/ Proces=
sion vnd Nachtmal halten.

   Anno 1589. hat der Thomas Candisch Englender al=
da frisch Wasser genommen/ vnd lies ein Wehre vnnd
Kessel allda.

   Der König von Portugal wil nit das iemands allda
wohnt/ sondern das alles was die natur von sich selbst/
one bauen oder pflantzen fort bringet/ gemeine sein soll.

   Allda hat vor zeiten ein Einsidel etliche Jare gewohnt/
so vnter dem schein von heiligkeit sinen handel allda ge=
trieben/ dann da die Schiffen aus Jndia dahin ankamen/
verkauffte er ihnen Jarlich 500. oder 600. Bockenfellen
oder heute. Der König aber lies in gefänglich nach Por=
tugal führen.

   Es hat sich auch zugetragen/ daß sich 2. Caffras oder
leibeigen von Mosambic vnd einer auß Iaua, mit 2. leibeigen
Weibern/ allda zimlich lang auffgehalten/ also das sie
                      J 4   sich

sich dermassen gemehret haben / daß jhrer wol 20. gewesen seind. Dise da jhre Schiffen damit sie dahin gekommen / haben fort segeln wöllen / hetten sich daruon gestolen / vnd waren in Bergen / da kein mal ein Portugaleser gewesen / geflohen / Alda sie sich / vmb die zeit wann die Schiff alda anländen / auch auffgehalten haben / vnnd lieffen / wann keine Schiffen da gewesen / die gantze Insul durch / Man hatte jnen aber / auß befelch des Königs / dermassen nachgesetzt / das sie alle in Portugal gefangen geführt seynd worden.

Inn diser Insul / lassen die Schiffen so anß India kommen / allzeit jhre krancke Leuth / vnd gibt man ihnen Reis / Biscotten / Oel / vnnd ein wenig Gewürtz / dann Fleisch / Visch vnd Obs / finden sie alda genug / werden gemeinlich wider gesund / dann es ein überaus gesunden lufft allda hat / vnd werden von den Schiffen / so das ander Jahr dahin kommen / wider nach Portugal geführt. Wir haben (schreibt Linschot) Anno 1588. im Maio / 15. krancke vnnd etliche leibeygne / so daruon gelauffen waren / darinn gelassen.

Dazumal haben wir vier Schiff zu gleichen sehen kommen / so ein grossen schatz / vnd vber die 30. Thonen golds werth geführt / dann sie alle mit gewürtz / Edelgesteinen / vnnd andere köstliche wahren / geladen: Aber diser Schiffen halben / haben wir bey der Insel vns nicht dürffen niderlassen / sondern seind die gantze Nacht *Nort Ost*, vnser gesellschafft zusuchen / zu gefahren.

1597.
in Mayo.

Den 26. Mayo, deß Morgens haben wir vns widerumb gegen die Insul gewendt / vnd hat allzeit ein *Sud Ost*, Wind gewehet / nach Mittag sahen wir zwey Schiff / vnnd wie wir auff den abend darzu kamen / so war es vnsere gesellschafft / deßhalben wir alle sehr erfreut / dann wir ein gantz Monat wider vnsern willen

willen/zertheilt gewesen waren/ nach dem seind wir also mit einander gegen *Nort VVest*, recht heim zugefahren/dann wir noch Gott lob/gesund Volck hetten/ vnd einem *Sud Ost*, recht guten Wind/ so hetten wir noch wol für vier oder fünff Monat Wasser genug.

Den 27.28.29. vnd 30. *Ditto*, ist einerley Wind vnnd schön wetter gewesen/vnd befunden deß abends an den *Crusera*, den 27. *Mayo*, auff 14. grad.

Den Ersten *Iuny* obseruirten wir die höhe von 6. grad/ *ad Merid:* seind *Nort VVest*, oder wegen der abweichen deß Compaß/*Nort VVest*, zum *Nort*, zugeschifft. *in Iunio.*

Den 6. *Ditto*, haben wir auff einem grad nach/ die *Lineam AEquinoctialem* erreicht/ vnnd dieweilen wir befunden das die Wellen vns sehr nach dem *VVest*, geführt hetten/ seind wir mit ein *Ost* vnnd *Sud Ost* Wind/ *Nort VVest*, zum *Nort*, zu gesegelt.

Den 7. *Ditto*, mit demselben Wind seind wir den *AEquatorem* passirt.

Den 10. *Iunij*, deß abends vermerckten wir 5½ grad höhe, *ad Septentrionem*, vnd sahen widerumb die *Nort* Stern/ so wir in zweyen Jahren nicht hetten gesehen. Seind allzeit *Nort, Nort VVest*, mit ein *Sud* vnd *Sud Osten* zugesegelt.

Den 11. *Ditto*, war es gar still/ bißweilen ein finster lufft auß dem *Sud Ost*.

Den 12. *Iunij*, hetten wir auch ein finster Wetter mit Regen.

Den 13. *Ditto*, haben wir all vnsere segel herunter gethan/ auff das wir sie möchten widerumb gantz machen.

Den 14. *Ditto*, bekamen wir ein widerwertigen Wind/ auß dem *Nort*, deßhalben wir *VVest Nort VVest*, zu gefahren/ wir kundten keine höhe / wegen deß finstern wetters nicht obseruiren.

J iij   Den

Den 15. Dito, hetten wir ein *Nort* vnnd *Nort Nort vve-*
sten wind.

Den 16. *Iunÿ*, war die höhe auff 9. grad 10. M. der wind
Nort Ost vnd *Nort Nort Ost*.

Den 17. *Ditto*, hetten wir schön Wetter / mit *Nort ost*
Wind / seind *Nort vvest* vnnd nach mittag *Nort vvest* zum
Nort zugefahren.

Den 18. *Ditto*, haben wir einen grossen fisch *Aluercoos*
genennet / davon wir mit einander zwey malzeit gehalten / gefangen / so in langer zeit nicht gesehen.

Den 26. *Ditto*, hetten wir noch allzeit *Nort Ost*, wind
seind *Nort Nort VVest* zugefahren die höhe war 17½ grad.

Auff Dato ist vil staub wie roth Sand in vnser Schiffen
gewehet worden / als wie es wann man neben dem Meer dunne
oder deychen fahrt / zu geschehen pflegt / vermeinten / wir weren
vngefehr bey der Insul *S. Anthonio* ven dem *viridu*, da wir
doch wol 40. oder 50. meil gegen abend davon waren.

y. S. Anthonio.

Auff Dato / ist ein fliegender Fisch in vnser Schiff geflohen / den haben wir gessen.

Den 28. hetten wir 20. grad höhe / mit *Ost Nort Ost* wind
allda sahen wir *Sargassa* oder Steinkraut.

Den 30. *Iuny*, haben wir die Sonne zu mittag gerad am
zenith vnd schnur recht vber den kopff gehabt / war aber dazumal nicht gar heiß / sonder hetten ein schön vnd kül wetter.

die Sonne ad zenith.

Auff Dato seind wir den *Tropicum cancri*, fürvber gefahren / deß abends funden wir 24. grad höhe.

in Iulio.

Den 2. *Iulÿ*, sahen wir noch gewaltig vil Steinkraut auff
dem Meer / vñ war der wind *nort nort Ost*, mit stillem wetter.

Den 3. *Ditto*. bekamen wir widerumb den wind *ost*, *Nort
ost*, vnd seynd *nort vvest* zugesegelt.

Den 8. *Ditto*, hetten wir 33¼. grad höhe / der Wind war
Ost / vnd sahen noch vil Steinkraut alda auff das Meer treiben /

ben/aber nicht so dicke als zuvorn.

Von dem SteinKraut oder Saragossa/haben vil glaub: *MareSargosa.*
würdige Authores geschrieben. Der Hartmannus hat solches für 60. Jahren in seinem Globo Terrestro obseruirt.
Er constituirt aber daß mehr nach Americam, bey Florida *Cosm:lib.*
zu/wie auch der Theuetus, der drauff gefahren/ vnd setzt/ *33. cb. 1.*
daß solches Kraut mit schönen blumen wie ein Wiesen
gezieret/wol 9. tagreisen lang wehret/ vnd das Meer alda überauß tieff ist. *in sein Itine-*
Linschot so auch neulich drauff gefahren/vnd vil din- *rario lib.*
gen fleißig obseruirt hat/schreibt: Daß das Meer so grün *cap 95.*
ist wie ein schöne Wiesen/ vnnd so vol des Krauts so die
Spannier Sargossa nennen/ vnd dem Peterlenit vngleich
ist/daß die Schiffen damit im fahren sehr gehindert/wird
auch Mare di Sargosa genent/ vnd weret/ wie er obseruirt
von 20. biß zum 34. grad/ seind wol 210. Meilen/ vnd sol
kein grund alda zufinden seyn/ welches mit diser Schif-
fart.überein trifft/ dann sie es auch von dem 24. grad/biß
zum 33 ½. befunden.

Den 10. *Iulij*, haben wir guten wind auß dem *Sud* vnd *Sud
ost* bekommen. Deßhalben wir alle vnsere segel auff gezogen/
so in 26. tagen nit geschehen/vnd sein *nort nort ost* zugefahren.

Alda haben wir vns sehr gefürcht/ daß wir die Spanische
Armada, so gemeinlich vmb die zeit deß Jahrs / bey den Flämi-
schen Inseln oder *Assores* ligen / vnd auff die *Flota* auß India
warten/ antreffen möchten.

Auff Dato ist ein junger auß vnserm Schiff ins Meer ge-
fallen/da wir mit gutem wind gewaltig fort gefaren/ er ist doch
zu grossem glück / von vnsern Pinas oder Jagtschiff/ so wol ein
¼ meil hinder vns war/ erhalten worden. Deß nachts befunden
wir 36. grad höhe.

Den 12. *Ditto*, war ein *SudWest* wind / seind *nort ost.*
zum *nort* zugefahren. Vnsere

Corno &
Flores.

Vnser Schiffleut vnnd die von der Pinas schleten in der höhe einen gantzen grad / dann wir 38. grad / sie aber nur 37. gefunden / vnnd schatzeten wir vns vngefehr den Inseln *Corno* vnd *Flores*, von den *Assores.*

Den 13. *July*, hetten wir noch den *Sud vvest* wind / vmb mittag dauchte vns das wir Land gesehen / sondten es aber nicht sehen / dann es gar im finstern lag.

Den 14. *Ditto*, hetten wir stille wetter / vnnd haben kein Land gefunden.

Zur selben zeit / hat die kranckheit in vnsern Schiffen wider angefangen zu zunemen.

Den 17. *Ditto*, bekamen wir ein *Sud, Sud Ost* wind / mit schönem wetter / die höhe gefunden 41. grad / vnnd seind *Ost, Nort. Ost* zugefahren.

Den 18. 19. 20. vnd 21. hetten wir gar still Wetter.

Den 22. *Ditto*, hat ein *Nort* wind gewehet vnd seind *Ost, Sud Ost*, zugesegelt.

Den 23. *Ditto*, hetten wir ein *Nort, Nort Ost* vnnd *Nort Ost*, wind / seind neben *Ost* zugefahren.

Auff dato hat vnser Kuchenmeister noch ein thene stockfisch gefunden / davon man gar nichts gewust / welche wegen der gestanck / man (so wir zu Hauß gewesen weren) ins Meer geworffen hetten. Davon assen wir mit solchen lust / als wann es die beste kost in der Welt gewesen were.

Den 24. bekamen wir ein *vvest* vngestümigen Wind / also das immerzu zween Männer das ruder halten musten / damit wir gewaltig fortgefahren vnd vns sehr gefrewt.

Den 25. *Ditto*, fiel ein sturm wetter an / auß dem *vvest*, so das wir allein mit zween fordern segeln *Nort Ost*, zu *Ost*, gefahren seind.

in Augusto.
Den 1. *Augusti*, hetten wir die höhe von 45. grad / mit einm *Nort vvest* wind.

Den 2. Ditto, ist einer mit namen *Gerrit Cornelis* von Spickenis/in vnser Schiff gestorben/ der war der erste in vnsere widerkunfft.

Den 4. Ditto, bekamen wir ein *Nort West* wind.

Den 5. Ditto, ein *Sudwest*, vnd funden deß morgens die höhe 47. grad/ seind *nort Ost*, vnd *nort nort ost*, zugefahren/ schetzeten daß wir nit weit von dem *Canal* waren.

Alle dise tage haben wir solche kälte inn vnsern Schiffen erlitten/ ob es zu mitten im Winter gewesen wer/ vnd konden vns mit vil Kleydern schwerlich erwärmen.   Auff dato sahen wir noch Steinkraut auff dem Meer.

Den 6 Augusti/ war ein *West* wind/ vnnd haben deß morgens das Bley außgeworffen/ vnd 80. klaffter tieff befunden.

Gegen Mittag sahen wir ein Schiff/ so ein Holländische Fahne auff hette/ der ist vor vns aber/ ob wir wol ihm zeychen genug theten/ geflohen.

Nach Mittag sahen wir die Jnsul *Heyssant*, darüber wir alle sehr erfreut.   *Heyssant.*

Den 7. Ditto, seind wir das land von Franckreich ansichtig worden/ vnd damals ein klein Schiff gesehen/ aber mit jme nicht sprach halten können/ seind *nort ost* zugeschifft.   *Franckreich.*

Den 8. Ditto, haben wir die kißkab (ist eine druckene) gesehen/ hetten durchauß *Sud* wind/ vnd seind *ost*, *nort ost*, zugesegelt.

Den 9. Ditto, seind wir zwischen den Häubtern (oder engen von Engeland vnd *Calais*,) gekommen/ vnd seind mit ein *Sud west* wind/ *nort ost*, dardurch gefahren.   *Enge von Calais.*

Nach Mittag segelten wir vor das Hollandisch *Conuoy* oder Gleitschiff/ so auff seim Ancker lag/ fürüber/ Es hat auch alsbald seine Ancker auffgehoben/ vnd ist vns nachgesegelt/haben

ben auff den abend mit jhn sprach gehalten/ doch kondten wir wegen deß grossen winds/wenig bescheyd vernemen/vnd segelte er mit vns fort.

Den 10. deß morgens ist der Schiffman von dem Gleit-schiff/ mit seinem Boot oder Nachen/ darinn ein Vaß Bier/ Brod vnd Keeß/ an vnser Schiff kommen/ die vns erzehlten/ wie es in vnserm Land zustünde/ vnd haben bald darnach Holland gesehen. Dieweilen dann ein harter sturmwind erstanden/ seind wir gegen Mittag gefahren/ vnd haben bey Petten/vnser Ancker außgeworffen/ allda mehr hülff vnnd Steurleut erwartend/ von der selben zeit an/ hetten wir in 5. Monaten/ keinen Ancker im Meer gehabt.

Holland

Auff den Abend hat es so harten wind gegeben/ daß wir ein Ancker verlohren.

Den 11. *Ditto*, haben wir stettig *Sud* wind gehabt: Gegen Mittag ist das Schiff *Mauritius* fort gesegelt/ vnnd wir vermeinten jhm zu folgen/ waren aber so schwach/ daß wir vnsere Ancker nicht kondten auffziehen/ haben also müssen ligend bleibend/ biß vns hülff vnd steurleut zukommen Auff den abend/ ist der Wind *Sud VVest* gewesen/vnnd mit solchen vngestümm das wir vermeinten wir solten auff das Land geworffen werdē/ also/ das wir vnsern grossen mastbaum haben abgehauen vnd ins Meer werffen müssen.

Den 12. vnd 13. *Augusti*, hetten wir noch *Sud VVest*, harten wind/ also das kein steurleut zu vns kommen möchten. Den 13. aber auff den abend ist es schön wetter worden.

Den 14. *Ditto*, deß morgens gar frühe seind vns zween grosse Nachen mit Steurleut vnnd Schiffleut/so von vnsern Kauffleuten die vns eingeladen hetten/ außgeschickt/ zu vns kommen. Die brachten vns Brodt vnnd andere sachen/haben

ben vnsere ancker auffgehaben/vnnd seind vms mittag an das Land gesegelt/vnd haben vns bey den andern kauffahrer auff ancker gelegt/allda wir erfrischung genug bekommen/so vns wol von nöten gewesen/dann wir vberauß schwach gewesen Gott sey Lob Ehre vnd Preiß in Ewigkeit AMEN.